Piloto de GUERRA

Título original: *Pilote de Guerre*
Copyright © Editora Lafonte Ltda. 2022

Todos os direitos reservados.
Nenhuma parte deste livro pode ser reproduzida por quaisquer meios existentes sem autorização por escrito dos editores e detentores dos direitos.

Direção Editorial   *Ethel Santaella*

REALIZAÇÃO

GrandeUrsa Comunicação

Direção   *Denise Gianoglio*
Tradução   *Otavio Albano*
Revisão   *Ana Elisa Camasmie*
Capa, Projeto Gráfico e Diagramação   *Idée Arte e Comunicação*

```
Dados Internacionais de Catalogação na Publicação (CIP)
          (Câmara Brasileira do Livro, SP, Brasil)

    Saint-Exupéry, Antoine de, 1900-1944
       Piloto de guerra / Antoine de Saint-Exupéry ;
    tradução Otavio Albano. -- São Paulo : Lafonte, 2022.

       Título original: Pilote de guerre
       ISBN 978-65-5870-300-6

       1. Guerra Mundial, 1939-1945 - Narrativas pessoais
    francesas 2. Guerra Mundial, 1939-1945 - Operações
    aéreas francesas 3. Saint-Exupéry, Antoine de,
    1900-1944 I. Título.

22-124732                        CDD-940.544944
```

Índices para catálogo sistemático:

1. Pilotos de guerra : Guerra Mundial : França :
   Narrativas pessoais   940.544944

Cibele Maria Dias - Bibliotecária - CRB-8/9427

Editora Lafonte
Av. Profª Ida Kolb, 551, Casa Verde, CEP 02518-000, São Paulo-SP, Brasil
Tel.: (+55) 11 3855-2100, CEP 02518-000, São Paulo-SP, Brasil
Atendimento ao leitor (+55) 11 3855- 2216 / 11 3855 - 2213 - atendimento@editoralafonte.com.br
Venda de livros avulsos (+55) 11 3855- 2216 - vendas@editoralafonte.com.br
Venda de livros no atacado (+55) 11 3855-2275 - atacado@escala.com.br

Antoine de Saint-Exupéry

Piloto de GUERRA

Tradução
OTAVIO ALBANO

Brasil, 2022

Lafonte

Ao comandante Alias, a todos os meus colegas do Esquadrão de Reconhecimento Aéreo 2/33 e, em especial, ao capitão observador Moreau e aos tenentes observadores Azambre e Dutertre, que foram, alternadamente, meus companheiros de bordo em todos os meus voos de guerra durante a campanha de 1939-40 – e de quem continuarei a ser um amigo fiel, por toda a minha vida.

I

Sem dúvida, estou sonhando. Estou no colégio. Tenho 15 anos. Resolvo com toda a paciência meu problema de geometria. Com o cotovelo apoiado na carteira escurecida, uso o compasso, a régua e o transferidor com habilidade. Mantenho-me aplicado e tranquilo. Os colegas ao meu lado falam baixinho. Um deles rabisca números em uma lousa. Outros, menos dedicados, jogam bridge. De vez em quando, mergulho mais fundo no sonho e espio pela janela. Um galho de árvore balança lentamente diante do sol. Fico olhando por um bom tempo. Sou um aluno distraído... Sinto prazer em apreciar esse sol, assim como em saborear o odor infantil da carteira, do giz, da lousa. Recolho-me com tanta alegria nessa infância superprotegida! Sei muito bem: primeiro, tem-se a infância, o colégio, os colegas, e, depois, vem o dia em que se deve passar pelas provas. Em que recebemos um diploma qualquer. Em que atravessamos, com um aperto no coração, um certo portal, além do qual, de repente, nos tornamos homens. Então, o passo fica mais pesado, mais no chão. Já começamos a traçar nosso caminho na vida. Os primeiros passos desse caminho. Enfim, testaremos nossas armas contra adversários de verdade. A régua, o esquadro, o compasso serão usados para construir o mundo, ou para triunfar sobre os inimigos. Chega de brincadeiras!

Eu sei que, normalmente, um estudante não tem medo de enfrentar a vida. Um colegial caminha com impaciência. Os dramas, os perigos, as amarguras da vida de um homem não intimidam um estudante.

Mas, afinal, sou um estudante estranho. Sou um estudante que conhece sua felicidade e não tem tanta pressa de enfrentar a vida...

Dutertre passa. Eu o chamo.

— Sente-se aqui, vou fazer um truque com as cartas para vocês...

E fico feliz por ter achado seu ás de espadas.

Diante de mim, em sua própria carteira, escura como a minha, Dutertre está sentado, com as pernas balançando. Ele ri. Eu sorrio, com timidez. Pénicot junta-se a nós e põe o braço no meu ombro:

— E então, meu velho amigo?

Meu Deus, como tudo isso é comovente!

Um bedel (é mesmo um bedel?) abre a porta para chamar dois dos colegas. Eles largam suas réguas e compassos e saem. Nós os seguimos com o olhar. Acabou-se o colégio para eles. Vão soltá-los na vida. Sua ciência vai lhes servir de algo. Eles vão, tal qual homens, testar em seus adversários os resultados de seus cálculos. Que colégio mais estranho, do qual saímos um de cada vez. E sem grandes despedidas. Esses dois colegas nem sequer olharam para nós. Ainda assim, talvez os acasos da vida cheguem a levá-los a lugares mais longínquos que a China. Muito mais longínquos! Quando a vida que se segue ao colégio dispersa os homens, quem pode jurar que irá se rever?

Nós, que ainda vivemos na tranquilidade quentinha da incubadora, abaixamos a cabeça...

— Escute, Dutertre, esta noite...

Mas a mesma porta se abre, uma vez mais. E eu ouço, como um veredito:

— Capitão de Saint-Exupéry e tenente Dutertre, à sala do comandante.

Acabou o colégio. Eis a vida.

— Por acaso você sabia que era nossa vez?

— Pénicot voou hoje de manhã.

Certamente, partiremos em missão, já que estão nos convocando. Estamos no fim de maio, em plena retirada, em pleno desastre. Tripulações são sacrificadas, como se jogassem copos d'água em um incêndio florestal. Como poderíamos calcular os riscos, quando tudo desmorona à nossa volta? Em toda a França, ainda restam 50 equipes de reconhecimento aéreo. Cinquenta equipes de três homens, dos quais 23 fazem parte do nosso esquadrão, o 2/33. Em três semanas, perdemos 17 tripulações do total. Derretemos como cera. Ontem, eu disse ao tenente Gavoille:

— Veremos isso depois da guerra.

E o tenente Gavoille me respondeu:

— Meu caro capitão, você ainda tem a pretensão de estar vivo depois da guerra?

Gavoille não estava brincando. Sabemos muito bem que não podemos fazer nada além de nos atirar no fogo, já que mesmo esse gesto é inútil. Somos 50 no total, em toda a França. Sobre nossos ombros repousa toda a estratégia do Exército francês! Há uma enorme floresta ardendo, e alguns poucos copos d'água a sacrificar para apagar as chamas. E vão sacrificá-los.

É o certo a fazer. Quem se preocupa em reclamar? Por acaso já se ouviu, onde estamos, outra resposta além de: "Muito bem, meu comandante. Sim, meu comandante. Obrigado, meu comandante. Entendido, meu comandante"? Mas há uma impressão que suplanta todas as outras durante o fim dessa guerra: a do absurdo. Tudo desmorona à nossa volta. Tudo vem abaixo. É tudo tão definitivo que a própria morte parece absurda. Nessa confusão, falta seriedade até mesmo à morte...

Entramos na sala do comandante Alias (ele continua a comandar até hoje, em Túnis, o mesmo Esquadrão 2/33).

— Bom dia, Saint-Ex. Bom dia, Dutertre. Sentem-se.

Nós nos sentamos. O comandante estende um mapa sobre a mesa e volta-se para seu auxiliar:

— Vá buscar a previsão meteorológica.

Depois, começa a bater na mesa com o lápis. Fico observando-o. Ele tem as feições tensas. Não dormiu. Fez a ronda de carro, à procura de um Estado-Maior imaginário, o Estado-Maior da divisão, o Estado-Maior da subdivisão... Tentou brigar com os postos de abastecimento, que não enviavam as peças de reposição. Acabou preso na estrada, em labirínticos engarrafamentos. Também liderou a última mudança e a última instalação, pois mudamos de território como desgraçados perseguidos por uma implacável sentinela. Em todas as vezes, Alias conseguiu salvar os aviões, os caminhões e 10 toneladas de material. Mas é visível que ele está no limite de suas forças, de seus nervos.

— Muito bem, é isso...

Ele continua a bater na mesa, sem olhar para nós.

— É bastante chato...

Então, encolhe os ombros.

— É uma missão chata. Mas eles fazem questão, no Estado-Maior. Fazem realmente questão... Tentei argumentar, mas fazem questão... É assim.

Dutertre e eu olhamos, através da janela, um céu calmo. Ouço o cacarejar de galinhas, pois o gabinete do comandante encontra-se em uma fazenda, assim como a sala de guerra fica em uma escola. Não vou comparar o verão, as frutas amadurecendo, os pintinhos crescendo, o trigo que se ergue, à morte que se aproxima. Não vejo em quê a calma do verão poderia se contrapor à morte, nem em quê a ternura de tudo aquilo seria irônica. Mas uma ideia vaga me ocorre: "É um verão arruinado. Um verão avariado..." Vi debulhadoras abandonadas. Vilarejos abandonados. Uma fonte de um vilarejo vazio continuava a verter água. A água pura, que custara tanto trabalho aos homens, se convertia em lama. De repente, uma imagem absurda me vem à mente: relógios quebrados. A imagem de todos os relógios quebrados. Os relógios das igrejas dos vilarejos. Os relógios das estações de trem. Os relógios de pêndulos acima das lareiras das casas abandonadas. E, por trás dessa fachada de relojoeiro foragido, essa ossada de relógios mortos. A guerra... Não se fabricam mais relógios. Não se colhem mais beterrabas. Não se consertam mais vagões. E a água, que era captada para matar a sede, ou para alvejar as belas rendas de domingo das camponesas, alastra-se como lama diante da igreja. E morre-se no verão...

É como se eu tivesse uma doença. Esse médico acaba de me dizer: "É bastante chato...". Seria, então, necessário pensar no testamenteiro, naqueles que sobreviveram. De fato, nós entendemos, Dutertre e eu, que se trata de uma missão suicida:

— Dadas as circunstâncias atuais, — conclui o comandante — não podemos considerar muito os riscos...

Claro. Não podemos considerar "muito". E ninguém está errado. Nem mesmo nós, ao nos sentirmos melancólicos. Nem o comandante, ao ficar constrangido. Nem o Estado-Maior, por ter dado as ordens. O comandante reluta, por saber que as ordens são absurdas. Nós também sabemos, assim como o próprio Estado-Maior. Ele dá as ordens porque é preciso dá-las. Durante uma guerra, cabe ao Estado-Maior dar ordens. Ele as delega a belos cavaleiros ou, a motociclistas, algo mais moderno. Onde reinavam a confusão e o desespero, cada um desses belos cavaleiros salta de um cavalo fumegante. Ele mostra o Destino, como a estrela dos Reis Magos. Ele traz a Verdade. E suas ordens reconstroem o mundo.

Eis o esquema da guerra. As imagens, em cores, da guerra. E cada um se esforça para fazer o seu melhor para que a guerra se pareça com uma guerra. Com devoção. Cada um se desdobra para jogar de acordo com as regras. E, talvez, afinal, pode ser que essa guerra apenas esteja tentando parecer-se com uma guerra.

E é para que ela se pareça realmente com uma guerra que as tripulações são sacrificadas, sem objetivos definidos. Ninguém admite que esse conflito não se parece com nada, que nada faz sentido, que nenhum esquema se adapta a nada, e puxam-se com toda a seriedade fios que não estão mais atados às marionetes. Os Estados-Maiores expedem, com convicção, ordens que não levarão a lugar nenhum. E exigem-nos informações impossíveis de conseguir. A aviação não pode assumir a responsabilidade de explicar a guerra aos Estados-Maiores. Com suas investigações, a aviação pode gerir hipóteses. Mas não restam mais hipóteses. E, de fato, exigem que cerca de 50 equipes modelem uma feição da guerra que não existe. Falam conosco como se fôssemos um bando de cartomantes. Olho para Dutertre, meu observador-cartomante. Ontem, ele contestou um coronel da divisão: "E como eu poderia, a 10 metros do solo e a 530 quilômetros por hora, identificar as posições exatas? Certeza que será capaz de ver de onde atiram no senhor! Se atirarem, as posições são alemãs".

— Diverti-me bastante — arrematava Dutertre, depois da discussão.

Pois os soldados franceses jamais viram aviões franceses. Há uns mil deles, espalhados de Dunquerque à Alsácia. Seria melhor dizer logo que estão diluídos no infinito. Assim, quando, no front, um avião passa em disparada, certamente é alemão. Basta esforçar-se em abatê-lo antes que tenha soltado suas bombas. Só o seu ronco já desencadeia as metralhadoras e os canhões de tiro rápido.

— Com esse método, — acrescentou Dutertre — vão valer grande coisa suas informações!

Mas vão considerá-las, já que, em um esquema de guerra, devem-se levar todas as informações em conta.

Sim, mas a guerra também está arruinada.

Felizmente – todos sabem muito bem – não vão dar a menor importância às nossas informações. Não conseguiremos transmiti-las. As estradas estarão congestionadas. Os telefones estarão quebrados. O Estado-Maior terá sido transferido com urgência. As informações importantes sobre a posição do inimigo serão fornecidas por ele mesmo. Faz alguns dias, estávamos conversando, perto de Laon, sobre a posição eventual das linhas inimigas. Enviamos um tenente à base do general. No meio do caminho, entre a nossa base e a do general, o carro do tenente bate em um rolo compressor atravessado na estrada, atrás do qual se escondiam dois carros blindados. O tenente dá meia-volta. Mas uma rajada de metralhadoras o mata no mesmo instante e fere o motorista. Tais blindados são alemães.

No fundo, o Estado-Maior parece um jogador de bridge a quem interrogaríamos, de um cômodo ao lado:

— O que devo fazer com minha dama de espadas?

O sujeito encolheria os ombros. Sem ter visto nada do jogo, o que poderia responder?

Mas um Estado-Maior não tem o direito de encolher os ombros. Se ele ainda controla alguns elementos, deve fazê-los agir para continuar a mantê-los sob controle e para tentar qualquer chance possível, enquanto durar a guerra. Mesmo às cegas, ele é obrigado a agir e a fazer os outros agir.

Mas é difícil atribuir algum papel, ao acaso, a uma dama de espadas. Nós já constatamos, primeiramente com surpresa e, depois, como algo óbvio, que poderia ter sido previsto: quando começa a ruína, falta trabalho. Consideramos o derrotado submerso por uma enxurrada de problemas, usando até o fim – em busca de uma solução – sua infantaria, sua artilharia, seus tanques, seus aviões... Mas a derrota, de início, mascara os problemas. Nada mais se sabe do jogo. Ninguém sabe como usar os aviões, os tanques, a dama de espadas...

Descarta-se arbitrariamente a dama de espadas na mesa, depois de se ter quebrado a cabeça para atribuir-lhe um papel eficaz. Reina o mal-estar, mas não a febre. Apenas a vitória é coroada de febre. A vitória estrutura, a vitória constrói. E cada um se esforça para carregar seu fardo. A derrota, no entanto, mergulha os homens em uma atmosfera de incoerência, de tédio e, acima de tudo, de futilidade.

Pois, antes de tudo, essas missões que exigem que façamos são fúteis... Cada dia mais fúteis. Mais sangrentas e mais fúteis.

Os que dão ordens não têm outros recursos para resistir a uma avalanche; resta-lhes, simplesmente, jogar seus últimos trunfos na mesa.

Dutertre e eu somos trunfos, e escutamos o comandante. Ele nos mostra o itinerário da tarde. Ele ordena que sobrevoemos, a 700 metros de altitude, os tanques estacionados na região de Arrás, no retorno de um longo percurso de 10 mil metros, com a mesma voz que usaria para nos dizer:

— Então, sigam pela segunda rua à direita, até a esquina da primeira praça; ali, há uma tabacaria em que vocês devem comprar fósforos para mim...

— Muito bem, meu comandante.

Nem mais nem menos útil, a missão. Nem mais nem menos lírico, o palavreado com que é transmitida.

E digo a mim mesmo: "Missão suicida." E penso... Penso muitas coisas. Esperarei a noite, se ainda estiver vivo, para refletir. Se estiver vivo... Quando uma missão é fácil, um a cada três retorna. Quando é um pouco "chata", evidentemente, fica mais difícil retornar. E, aqui, no gabinete do comandante, a morte não me parece nem nobre, nem majestosa, nem heroica, nem dilacerante. É apenas um símbolo de desordem. Um efeito da desordem. O esquadrão vai nos perder, como perdemos bagagens na confusão das baldeações das linhas férreas.

E não é que eu não esteja pensando na guerra, na morte, no sacrifício, na França e em tudo o mais, mas me falta um conceito orientador, uma linguagem clara. Penso por contradições. Minha verdade está em pedaços, e só posso considerá-los um em seguida ao outro. Se ainda estiver vivo, esperarei a noite para refletir. A tão amada noite. À noite, a razão dorme, e as coisas simplesmente são. Aquelas que importam de verdade retomam sua forma, sobrevivem à destruição das análises do dia. O homem recupera seus pedaços e se torna uma árvore tranquila.

Ao dia cabem as cenas de esforço, mas, à noite, todos os que brigaram reencontram o Amor. Pois o amor é maior que o sopro vindo das palavras. E o homem se debruça sobre sua janela, sob as estrelas, novamente responsável pelos filhos, que dormem, pelo pão do dia seguinte, pelo sono da esposa, que repousa a seu lado, tão frágil, delicada e efêmera. Não se discute o amor. Ele apenas é. Que venha a noite, e que eu possa ver qualquer evidência que mereça a amor! Para que eu reflita a civilização, o futuro do homem, o apreço pela amizade em meu país. Para que eu deseje servir a uma certa verdade imperiosa, mesmo que, talvez, ainda impossível de exprimir...

Por enquanto, pareço-me completamente com o cristão abandonado por sua fé. Representarei meu papel, com Dutertre, com toda a honestidade – isso é certo –, mas exatamente como se salvam ritos que já não têm mais conteúdo se seu deus já não se faz presente. Esperarei a noite, se ainda continuar a viver, para caminhar um pouco na grande estrada que atravessa nosso vilarejo, envolvido na minha tão amada solidão, a fim de nela descobrir por que eu devo morrer.

II

Acordo do meu sonho. O comandante me surpreende com uma estranha proposta:

—Se essa missão o aborrece demais... Se você não se sente disposto, eu posso...

— Francamente, meu comandante!

O comandante sabe muito bem que uma proposta dessas é absurda. Mas, quando uma equipe não retorna, todos se lembram da seriedade dos rostos na hora da despedida. E essa seriedade é tida como um pressentimento. E nos sentimos culpados por tê--la negligenciado.

A apreensão do comandante me faz pensar em Israel. Estava fumando, anteontem, à janela da sala de guerra. Quando vi Israel da minha janela, ele caminhava com rapidez. Tinha o nariz vermelho. Um nariz grande de judeu, bem vermelho. Fiquei bruscamente atônito com a vermelhidão do nariz de Israel.

Esse Israel, cujo nariz eu observava, era alguém por quem nutria uma profunda amizade. Era um dos colegas mais corajosos do esquadrão. Um dos mais corajosos e um dos mais modestos.

Falaram-lhe tanto da prudência judia que ele devia confundir sua prudência com a coragem. É prudente ser um vencedor.

Pois, então, eu reparava no seu grande nariz vermelho, que brilhou por apenas um instante, dada a rapidez dos passos que levavam Israel e seu nariz. Sem brincadeiras, falei para Gavoille:

— Por que ele faz um nariz daqueles?

— Foi a mãe dele que fez o nariz, não ele — respondeu Gavoille.

Mas acrescentou:

— Que missão mais estranha, em baixa altitude — e saiu.

— Ah!

E, à noite, é claro, lembrei-me – quando desistimos de esperar pelo retorno de Israel – daquele nariz, que, fixo em um rosto completamente impassível, exprimia, com uma espécie de brilho próprio, a mais terrível das preocupações. Se eu tivesse de ordenar a partida de Israel, a imagem daquele nariz teria me assombrado por muito tempo, como uma reprimenda. Israel, certamente, respondera à ordem de sua partida com um simples "Sim, meu comandante. Muito bem, meu comandante. Entendido, meu comandante". Certamente, nem um único músculo de seu rosto estremecera. Mas, lenta, insidiosa e traiçoeiramente, seu nariz começou a brilhar. Israel controlava os traços de seu semblante, mas não a cor de seu nariz. E o nariz aproveitou-se disso para se manifestar, por sua própria conta, silenciosamente. O nariz, à revelia de Israel, exprimira ao comandante sua forte desaprovação.

Talvez seja por isso que o comandante não goste de ordenar a partida daqueles que ele imagina estarem oprimidos por pressentimentos. Os pressentimentos quase sempre enganam, mas dão às ordens de guerra um tom de condenação. Alias é um líder, não um juiz.

Assim, outro dia, foi o que aconteceu com o suboficial T.

Tanto quanto Israel era corajoso, T. era dado ao medo. É o único homem que conheci que realmente vivenciava o medo. Quando alguém dava uma ordem de guerra a T., iniciava-se nele uma bizarra vertigem crescente. Era algo simples, implacável e lento. T. se retesava, lentamente, dos pés à cabeça. Seu rosto ficava como que lavado de qualquer expressão. E seus olhos começavam a brilhar.

Ao contrário de Israel, cujo nariz tinha me parecido tão embaraçado, confuso pela provável morte de Israel e, ao mesmo tempo, completamente irritado, T. não exprimia movimentos internos. Ele não reagia, simplesmente ficava mudo. Quando acabávamos de falar com T., descobríamos que a angústia, simplesmente, se instalara nele. Ela começava a se expandir em uma espécie de claridade uniforme. T., desde então, colocava-se como que fora de alcance. Sentíamos ampliar-se, entre ele e o universo, um deserto de indiferença. Jamais, em nenhuma outra pessoa no mundo, presenciei esse tipo de êxtase.

— Nunca deveria tê-lo deixado partir naquele dia — disse, mais tarde, o comandante.

Nesse dia, quando o comandante anunciara a T. sua partida, ele não apenas empalidecera, mas também começara a sorrir. Simplesmente sorrir. O mesmo devem fazer os martirizados quando o carrasco passa realmente dos limites.

— Você não está bem. Vou substituí-lo...

— Não, meu comandante. Já que é minha vez, é minha vez.

E T., ainda em continência diante do comandante, olhava-o nos olhos, sem fazer um único movimento.

— Mas, se você não está se sentindo seguro de si...

— É minha vez, meu comandante, é minha vez.

— Ora, T....

— Meu comandante...

O homem parecia um bloco.

E Alias:

— Então, deixei-o partir.

O que se seguiu nunca foi explicado. T., artilheiro de bordo da aeronave, sofreu uma tentativa de ataque por parte de um caça inimigo. Mas as metralhadoras do caça emperraram, e ele deu meia-volta.

O piloto e T. continuaram a se falar, até estarem nas cercanias do terreno da base, sem que o piloto notasse nada de anormal. Mas, a cinco minutos da chegada, ele não obteve mais resposta.

E encontraram T., à noite, com o crânio fraturado pelo leme do avião. Ele havia saltado de paraquedas, em condições desastrosas, em plena velocidade, sobre território amigo, quando nenhum perigo o ameaçava mais. A passagem do caça fora um agravo irresistível.

— Vão se vestir — diz-nos o comandante — e estejam no ar às 5 e meia.

— Até mais, comandante.

O comandante responde com um gesto vago. Superstição? Como meu cigarro está apagado e procuro em vão por meus bolsos, ele diz:

— Por que você nunca tem fósforos?

Ele tem razão. E passo pela porta, ao ouvir esse adeus, perguntando-me: "Por que eu nunca tenho fósforos?".

— A missão o aborrece — comenta Dutertre.

E eu penso: "Ele não está nem aí". Mas não é em Alias que estou pensando, ao retrucar de forma tão injusta. Estou chocado com uma evidência que ninguém admite: a vida do Espírito é intermitente. A vida da Inteligência – e só ela – é permanente, ou quase. Há poucas variações em minhas habilidades de análise. Contudo, o Espírito não considera os objetos, mas somente o sentido que os conecta entre si. O rosto que se lê através deles. E o Espírito passa da visão plena à cegueira absoluta. Mesmo aquele que ama sua casa, em certo momento, não verá nada nela além do conjunto de objetos díspares. Aquele que ama sua mulher verá no amor apenas preocupações, contrariedades e obrigações. Aquele que apreciava uma certa música passará a não sentir nada por ela. Chega uma hora – como agora – em que não compreendo mais o meu país. Um país não é a soma de terras, costumes, materiais – algo que minha inteligência sempre será capaz de apreender. É um Ser. E chega uma hora em que descubro estar cego aos Seres.

O comandante Alias passou a noite no gabinete do general, discutindo lógica pura. A lógica pura arruína a vida do Espírito. Depois, na estrada, ele ficou esgotado, por causa de intermináveis engarrafamentos. Mais tarde, ao chegar ao esquadrão, encontrou centenas de dificuldades materiais, do tipo que nos corroem pouco a pouco, como os milhares de efeitos de uma avalanche incontrolável. Por fim, ele nos convocou a nos lançarmos em uma missão impossível. Somos objetos da incoerência generalizada. Para ele, não somos Saint-Exupéry ou Dutertre, dotados de uma maneira particular de ver as coisas – ou de não as ver –, de pensar, andar, beber e sorrir. Somos pedaços de uma grande construção, que carecem de mais tempo, mais silêncio e mais isolamento para descobrir como se encaixam. Se eu tivesse qualquer tique nervoso, Alias só teria notado o tique. Arrás só teria conseguido lidar com a imagem do tique. Na balbúrdia dos problemas presentes, na agitação, nós mesmos nos dividimos em pedaços. Essa voz. Esse nariz. Esse tique. E os pedaços não emocionam.

Não se trata, aqui, do comandante Alias, mas de todos os homens. Durante os preparativos do enterro, nós amamos o morto, não mantemos contato com a morte. A morte é algo grande. Há uma nova rede de relações com as ideias, os objetos e os costumes do morto. A morte é um novo arranjo do mundo. Nada mudou na aparência, mas tudo mudou. As páginas do livro são as mesmas, mas o sentido do livro, não. É necessário, para que sintamos a morte, imaginar as horas em que precisamos do morto. Então, ele nos fará falta. Imaginar as horas em que ele precisaria de nós. Imaginar a hora da visita social. E descobri-la vazia. É preciso ver a vida em perspectiva. Mas não há perspectiva nem espaço no dia em que enterramos o morto. Ele ainda está em pedaços. No dia do enterro, dispersamo-nos com caminhadas, com o apertar de mãos de amigos falsos ou verdadeiros, com preocupações materiais. O morto só morrerá amanhã, no silêncio. Ele se mostrará, em sua plenitude, para ser arrancado, em sua plenitude, de nossa essência. Então, gritaremos por aquele que partiu, alguém que não podemos mais preservar.

Não gosto das gravuras de Épinal[1] sobre a guerra. O guerreiro rude que aparece contendo uma lágrima e dissimulando suas emoções sob seus revides ríspidos. É tudo falso. O guerreiro rude não dissimula nada. Se ele revida de forma ríspida, é porque pensava no revide.

O caráter do homem não está em questão. O comandante Alias é perfeitamente sensível. Se não retornarmos, talvez ele sofra mais que os outros. À condição de que se trate de nós dois, e não de uma quantidade de diversos detalhes. À condição de que essa reconstrução lhe seja permitida pelo silêncio. Pois, se, nesta noite, o sentinela que nos persegue conseguir obrigar, uma vez mais, o esquadrão a se mudar, uma roda de caminhão quebrada – em meio a uma avalanche de problemas – adiará nossa morte. E Alias se esquecerá de sofrer por isso.

E, assim, eu, que parto em missão, não penso na luta do Ocidente contra o nazismo. Penso em detalhes imediatos. Preocupo-me com o absurdo de um sobrevoo sobre Arrás a 700 metros. Na futilidade das informações que querem que obtenhamos. Na lentidão com que me visto, pois parece que estou me arrumando para o carrasco. E ainda há minhas luvas. Onde diabos estão minhas luvas? Perdi minhas luvas.

Não vejo mais a catedral que habito.

Estou me vestindo para o culto de um deus morto.

---

1 Épinal é uma cidade do leste da França, conhecida por suas xilogravuras de assuntos militares, história napoleônica, personagens fictícios e outros temas folclóricos, que foram amplamente distribuídas ao longo do século XIX. (N. do T.)

III

— *Rápido...* Onde estão minhas luvas? Não... Não são essas... Procure na minha mochila...

— Eu não as encontro, meu capitão.

— Você é um imbecil. São todos uns imbecis. Este aqui não consegue encontrar minhas luvas. E o outro, do Estado-Maior, com sua ideia fixa de missões em baixa altitude.

— Eu pedi um lápis para você. Faz dez minutos que lhe pedi um lápis... Você não tem um lápis?

— Sim, meu capitão.

— Finalmente um que é inteligente. Prenda esse lápis em um barbante para mim. E amarre o barbante na casa desse botão aqui... Afinal, artilheiro, você não parece estar com pressa...

— É que estou pronto, meu capitão.

— Ah, muito bem.

E volto-me para o observador:

— Tudo bem, Dutertre? Não falta nada? Calculou as rotas?

— Estou com as rotas, meu capitão...

Muito bem. Ele tem as rotas. Uma missão suicida... Eu lhes pergunto se é sensato sacrificar uma equipe por informações de que ninguém precisa e que, se um de nós sobreviver para reportá-las, nunca serão transmitidas a ninguém...

— Eles deveriam contratar espíritos no Estado-Maior...

— Para quê?

— Para que pudéssemos lhes passar as informações nessa mesma noite, em uma sessão espírita.

Não me orgulho muito da minha piadinha, mas ainda chego a resmungar:

— Os Estados-Maiores, os Estados-Maiores, que façam eles mesmos essas missões suicidas, esses Estados-Maiores!

Pois é longo o cerimonial de vestir-se quando a missão nos parece precipitada, e nos paramentamos com o máximo de cuidado para ser grelhados vivos. É trabalhoso revestir-se com essa tripla camada de trajes, um em cima do outro, fantasiar-se com a miríade de acessórios que portamos como mascates, ajeitar o dispositivo de oxigênio, o dispositivo de aquecimento, o dispositivo de comunicação telefônica entre os membros da tripulação. A respiração se dá por meio dessa máscara. Um tubo de borracha conecta-me ao avião, tão essencial quanto um cordão umbilical. O avião entra em consonância com a temperatura do meu sangue. O avião entra em consonância com as minhas comunicações humanas. Adicionaram-me órgãos que se interpõem, de alguma forma, entre meu coração e eu. A cada minuto, fico mais pesado, mais volumoso, mais difícil de manejar. Viro-me como um bloco e, se me inclino para apertar as correias ou puxar os fechos emperrados, todas as minhas juntas reclamam. Minhas antigas fraturas doem.

— Passe-me um outro capacete. Já disse 25 vezes que não queria mais o meu. Ele está muito apertado.

Pois só Deus sabe o porquê de o crânio inchar em grandes altitudes. E um capacete normal no solo comprime os ossos do mesmo jeito que um torno a 10 mil metros.

— Mas o seu é um outro, meu capitão. Já o troquei...

— Ah! Tudo bem, então.

Pois eu resmungo sem parar, mas sem nenhum remorso. E tenho razão! Além disso, nada tem importância. Atravessamos, nesse instante, exatamente o centro desse deserto interior de que eu falava. Só há escombros aqui. Não me envergonho nem mesmo de desejar um milagre que mude o curso dessa tarde. Uma avaria no laringofone[2], por exemplo. Esses laringofones sempre quebram! Uma bugiganga! Um laringofone quebrado nos livraria de uma missão suicida...

O capitão Vezin me aborda com um ar sombrio. Antes de partirmos em missão, o capitão Vezin aborda cada um de nós com um ar sombrio. No nosso esquadrão, o capitão Vezin é encarregado do contato com os organismos de vigilância dos aviões inimigos. Sua função é nos informar a respeito de seus movimentos. Vezin é um amigo de quem gosto muito, mas é um profeta do azar. Acabo me arrependendo de tê-lo percebido, agora.

— Meu velho, — Vezin me diz — é chato, é chato, é chato!

E ele tira uns documentos do bolso. Depois, observa-me, desconfiado:

— Por onde você vai sair?

— Por Albert.

— Isso mesmo. Isso mesmo. Ah, que chato!

— Não dê uma de idiota, qual o problema?

— Você não pode partir!

Eu não posso partir! Ele é tão bom, o Vezin! Que Deus Pai lhe dê um laringofone avariado!

— Você não vai poder passar.

---

2 Microfone acoplado ao pescoço que permite a comunicação entre a tripulação de um avião de caça, através das vibrações da faringe. (N. do T.)

— Por que não vou poder passar?

— Porque há três missões de caça alemãs que se revezam constantemente sobre Albert. Uma a 6 mil metros, uma a 7 mil e 500, outra a 10 mil. Nenhuma delas sai do céu antes que cheguem as substitutas. Elas operam uma interdição *a priori* no lugar. Você vai se meter em uma arapuca. Além disso, dê uma olhada nisto!

E ele me indica um papel, no qual rabiscou evidências incompreensíveis.

Seria melhor se Vezin me deixasse em paz. As palavras "interdição *a priori*" me impressionaram. Penso em luzes vermelhas e em transgressões. Mas a transgressão, nesse caso, é a morte. Detesto, sobretudo, o "*a priori*". Fico com a impressão de que estão visando essencialmente a minha pessoa.

Faço um enorme esforço de inteligência. É sempre *a priori* que o inimigo defende suas posições. Essas palavras são um monte de bobagens... E pouco me importam os caças! Quando eu descer para 700 metros, é a DCA[3] que vai me abater. Não tem como ela errar! E fico bruscamente agressivo:

— Em suma, você veio me dizer, com urgência, que a existência de uma aviação alemã torna minha partida bastante imprudente! Vá correndo avisar o general...

Não custaria nada a Vezin tranquilizar-me delicadamente, batizando seus célebres aviões de "caças perambulando para os lados de Albert".

O sentido era exatamente o mesmo!

---

3 Defesa Contra Aeronaves, atualmente designada simplesmente "defesa antiaérea". (N. do T.)

IV

Tudo pronto. Estamos a bordo. Só falta testar os laringofones...

— Você me ouve bem, Dutertre?

— Estou ouvindo bem, meu capitão.

— E você, artilheiro, me ouve bem?

— Eu... Sim... Muito bem.

— Dutertre, você está ouvindo o artilheiro?

— Ouço-o bem, meu capitão.

— Artilheiro, você está ouvindo o tenente Dutertre?

— Eu... Sim... Muito bem.

— Por que você sempre diz "Eu... Sim... Muito bem"?

— Porque estou procurando meu lápis, meu capitão.

Os laringofones não estão quebrados.

— Artilheiro, a pressão do ar está normal nos tubos?

— Eu... Sim... Normal.

— Nos três?

— Nos três.

— Tudo pronto, Dutertre?

— Pronto.

— Pronto, artilheiro?

— Pronto.

— Então, lá vamos nós.

E eu decolo.

V

A angústia é causada pela perda de uma identidade real. Se eu espero uma mensagem da qual depende minha felicidade ou meu desespero, sou como que lançado no nada. Enquanto a incerteza me mantém em suspense, meus sentimentos e minhas atitudes são apenas um disfarce provisório. O tempo para de criar – segundo a segundo, como constrói uma árvore – o personagem verdadeiro que habitará em mim daqui a uma hora. Esse eu desconhecido caminha ao meu encontro, de algum lugar, lá fora, como um fantasma. Então, uma sensação de angústia apodera-se de mim. A má notícia não provoca a angústia, mas o sofrimento: trata-se de algo completamente diferente.

Ora, o tempo deixou de passar em meio ao vazio. Estou, finalmente, imbuído de minha função. Não me projeto mais em um futuro sem rosto. Talvez eu não seja mais aquele que dará início ao turbilhão de fogo. O futuro não me assombra mais, como se fosse uma aparição desconhecida. Meus atos, a partir de então, um após o outro, fazem parte dele. Sou aquele que controla a bússola, para mantê-la a 313 graus. Que regula o ritmo das hélices e o aquecimento do óleo. Estas são preocupações imediatas e sadias. São as preocupações da casa, os pequenos deveres do dia que retiram o gosto do envelhecer. O dia torna-se a casa bem limpa, o assoalho bem encerado, o oxigênio bem utilizado. Na verdade, eu controlo o consumo de oxigênio, já que subimos rápido: 6 mil e setecentos metros.

—Tudo certo com o oxigênio, Dutertre? Está se sentindo bem?

— Tudo certo, meu capitão.

— Ei! Artilheiro, tudo bem com o oxigênio?

— Eu... Sim... Tudo bem, meu capitão...

— Você ainda não achou seu lápis?

Também me torno aquele que aperta o botão S e o botão A, para controlar minhas metralhadoras. A propósito...

— Ei! Artilheiro, não há nenhuma cidade grande na retaguarda, em seu campo de tiro?

— Hein?... Não, meu capitão.

— Vá em frente. Teste suas metralhadoras.

Ouço suas rajadas.

— Tudo certo?

— Tudo certo.

— Com todas as metralhadoras?

— Hein?... Sim... Todas.

É minha vez de atirar. Fico me perguntando aonde vão essas balas que atiramos, sem hesitar, ao longo dos campos inimigos. Elas nunca matam ninguém. A terra é grande.

Cada minuto que passa assim alimenta-me de seu conteúdo. Eu sou algo tão pouco angustiado quanto um fruto que amadurece. Certamente, as condições do voo mudarão ao meu redor. As condições e os problemas. Mas estou inserido na construção desse futuro. O tempo me molda aos poucos. A criança não se surpreende por transformar-se, lentamente, em um velho. Continua a ser criança e brinca seus jogos infantis. Também brinco eu. Conto os mostradores, os manetes, os botões, as alavancas de meu reino. Conto 103 objetos a verificar, puxar, virar ou empurrar.

(Blefei um pouco ao contar como dois o comando de minhas metralhadoras: há apenas um pino de segurança.) Vou impressionar o fazendeiro que me hospedar nesta noite. Direi-lhe:

— O senhor sabe quantos instrumentos um piloto deve controlar hoje em dia?

— Como o senhor quer que eu saiba?

— Dá no mesmo. Diga um número.

— Que número o senhor quer que eu diga?

Meu fazendeiro não tem o mínimo tato.

— Diga qualquer número!

— Sete!

— Cento e três!

E eu ficarei contente.

Minha paz também se compõe do fato de que todos esses instrumentos que me sobrecarregavam tomaram seu lugar e receberam um significado próprio. Todas essas tripas de tubos e cabos se tornaram uma rede de circulação. Sou um organismo ligado ao avião. O avião constrói, em mim, meu próprio bem-estar, quando giro um botão que aquece, progressivamente, meu traje e meu oxigênio. Aliás, o oxigênio está muito quente e começa a queimar meu nariz. Esse oxigênio é consumido proporcionalmente à atitude, através de um instrumento complicado. E é o avião que me alimenta. Tudo isso me parecia desumano antes do voo, e, agora, amamentado pelo próprio avião, sinto por ele um tipo de ternura filial. Um tipo de ternura de lactente. Quanto a meu peso, ele se distribuiu sobre pontos de apoio. Minha tripla camada de trajes superpostos e meu pesado paraquedas dorsal pesam contra o assento. Meus enormes sapatos apoiam-se no balancim. Minhas mãos, com luvas espessas e duras, tão desajeitadas no solo, manobram o manche com facilidade. Manobram o manche... Manobram o manche...

— Dutertre!

— ...pitão?

— Verifique primeiro seus contatos. Estou ouvindo tudo picotado. Você me ouve?

— ...estou... vindo... capi...

— Sacuda essa porcaria! Está me ouvindo?

A voz de Dutertre volta a ficar clara:

— Ouço muito bem, meu capitão.

— Muito bem. Pois, então, mesmo hoje em dia os comandos travam: o manche está duro, e o balancim está completamente emperrado!

— Que beleza. Qual a altitude?

— Nove mil e setecentos.

— E o frio?

— Quarenta e oito graus[4]. E o seu oxigênio, tudo bem?

— Tudo bem, meu capitão.

— Artilheiro, tudo bem com o oxigênio?

Nada de resposta.

— Ei, artilheiro!

Nada de resposta.

— Você está ouvindo o artilheiro, Dutertre?

— Não ouço nada, meu capitão.

— Chame-o!

— Artilheiro! Ei, artilheiro!

Nada de resposta.

Mas, antes de mergulhar, eu sacudo brutalmente o avião, para acordar o outro, caso esteja dormindo.

— Meu capitão?

---

4 Temperatura Fahrenheit, equivalente a aproximadamente 9 graus Celsius. (N. do T.)

— É você, artilheiro?

— Eu... Hein... Sim.

— Você não tem certeza?

— Sim!

— Por que não estava respondendo?

— Estava testando o rádio. Eu o tinha desligado!

— Você é um desgraçado! É preciso nos prevenir! Quase mergulhei, achei que você estivesse morto!

— Eu... Não.

— Vou ter de acreditar na sua palavra. Mas não me faça mais uma coisa dessas! Avise-me antes de desligar, pelo amor de Deus!

— Perdão, meu capitão. Entendido, meu capitão. Eu aviso.

Pois a pane de oxigênio não se mostra no organismo. Ela se mostra em uma vaga euforia, que acaba, em alguns segundos, com um desmaio e, depois de alguns minutos, na morte. O controle permanente do consumo desse oxigênio é, então, indispensável, tanto quanto o controle – pelo piloto – do estado de seus passageiros.

Por isso, eu aperto, aos poucos, o tubo de alimentação da minha máscara, para sentir no nariz as baforadas de ar quente que trazem a vida.

Em suma, eu faço meu trabalho. Não experimento nada além do prazer físico de atos nutridos de sentidos autossuficientes. Não sinto nem mesmo a sensação de um grande perigo (no entanto, estava preocupado enquanto me vestia), nem a sensação de executar um grande dever. O combate entre o Ocidente e o nazismo torna-se, dessa vez, proporcionalmente aos meus atos, uma ação perpetrada por manetes, alavancas e válvulas. É exatamente isso. O amor por seu Deus, para o sacristão, transforma-se no amor pelo acendimento dos círios. O sacristão anda com um passo sincronizado, em uma igreja que não vê, e se satisfaz ao fazer florescer os candelabros, um depois do outro. Quando todos estão acesos, ele esfrega as mãos. Torna-se orgulhoso de si.

Quanto a mim, regulei com precisão a rotação de minhas hélices, e mantenho meu curso perto de 1 grau. Isso deve maravilhar Dutertre, se é que ele observa, de tempos em tempos, a bússola...

— Dutertre... Eu... O indicador da bússola... Tudo bem?

— Não, meu capitão. Muito à deriva. Incline-se à direita.

Pior pra ele!

— Meu capitão, estamos passando as linhas. Vou começar as fotos. Qual é a altitude no seu altímetro?

— Dez mil.

VI

— *Capitão...* A bússola!

Exato. Inclinei à esquerda. E não foi por acaso... É a cidade de Albert que me repele. Eu noto sua presença de longe, mais à frente. Mas ela já pesa, com todo o seu peso, contra meu corpo, com sua "interdição *a priori*". Como a memória fica encoberta sob a densidade dos membros! Meu corpo se lembra das quedas sofridas, das fraturas cranianas, dos comas viscosos como xarope, das noites de hospital. Meu corpo teme os traumas. Ele tenta evitar Albert. Quando eu não o vigio, ele inclina à esquerda. Puxa para a esquerda, como um cavalo velho que passa a tomar cuidado, pelo resto da vida, com o obstáculo que, certa vez, o aterrorizou. E trata-se, realmente, do meu corpo... Não do meu espírito... Quando estou distraído, meu corpo se aproveita e, sorrateiramente, escapa de Albert.

Pois não sinto nada que seja verdadeiramente perturbador. Eu não quero mais que a missão fracasse. Ainda há pouco, acreditava ter tal desejo. Pensava: "Os laringofones vão quebrar. Estou com muito sono. Vou dormir". Eu criava uma imagem deslumbrante desse leito de preguiça. Mas, no fundo, também sabia que não se espera nada de uma missão fracassada além de um tipo de desconforto amargo. Como se uma mutação necessária tivesse falhado.

Tudo isso me lembra do colégio... Quando eu era um menino...

— ... capitão!

— O quê?

— Não, nada... Pensei ter visto...

Não gosto nem um pouco do que ele pensou ter visto.

Sim... Quando somos meninos, no colégio, nós nos levantamos muito cedo. Levantamo-nos às 6 horas da manhã. Faz frio. Esfregamos os olhos e sofremos, por antecipação, pela triste aula de gramática. É por isso que desejamos ficar doentes, para acordar na enfermaria, onde as freiras, com aquelas toucas brancas, trazem chás adocicados na cama. Criamos infinitas ilusões sobre um paraíso desses. Por isso, é claro, se eu ficasse resfriado, tossia um pouco mais forte que o necessário. E, da enfermaria, onde acabava acordando, ouvia o sino tocar para os outros. Se meu fingimento era convincente demais, aquele sino me punia: ele me transformava em um fantasma. Lá fora, ele soava as horas verdadeiras, da austeridade das aulas, do tumulto dos recreios, do calor do refeitório. Lá fora, ele construía para os vivos uma existência intensa, rica em misérias, impaciências, júbilos e arrependimentos. E eu permanecia furtivo, esquecido, enjoado dos chás insossos, da cama úmida e das horas sem rosto.

Nada se espera de uma missão fracassada.

VII

Mas é certo que, às vezes, como hoje, a missão não é capaz de satisfazer. É evidente demais que estamos jogando um jogo que imita a guerra. Estamos brincando de polícia e ladrão. Observamos, corretamente, a moral de nossos livros de história e as regras de nossos manuais. Assim, andei, nessa noite, de carro pelo campo. E a sentinela de guarda, segundo as ordens, cruzou sua baioneta diante desse carro, que poderia muito bem ser um tanque! Nós brincamos de cruzar a baioneta diante dos tanques.

Como poderíamos nos exaltar com essas charadas um tanto quanto cruéis – em que, claramente, desempenhamos um papel de figurantes –, quando nos pedem para aguentar até a morte? A morte é séria demais para uma charada.

Quem seria capaz de se equipar, estando exaltado? Ninguém. Nem mesmo Hochedé – que é um tipo de santo –, já tendo atingido o dom máximo e permanente que é, sem dúvida nenhuma, o coroamento do homem; o próprio Hochedé refugiou-se no silêncio. Por isso, os colegas que estão se equipando ficam quietos, com ar emburrado, e não por pudor de herói. Esse ar contrariado não mascara nenhuma exaltação. Apenas diz o que diz. E eu o reconheço.

É o ar do gerente que não entende nada das ordens ditadas por um chefe ausente. E que, no entanto, continua fiel. Todos os colegas sonham com seus aposentos calmos, mas não há, entre nós, ninguém que teria realmente escolhido ir dormir.

Porque o importante não é se exaltar. Na derrota, não há nenhuma esperança de exaltação. O importante é equipar-se, subir a bordo e decolar. O que pensamos não tem nenhuma importância. E a criança que se exalta com a simples ideia das aulas de gramática parece-me pretensiosa e suspeita. O importante é criar um objetivo para si, sem revelá-lo no mesmo instante. Esse objetivo não serve à Inteligência, mas ao Espírito. O Espírito sabe amar, mas dorme. Sei, tanto quanto um padre da igreja, no que consiste a tentação. A tentação consiste em sermos tentados a ceder às razões da Inteligência, quando dorme o Espírito.

A que serviria envolver minha vida nessa avalanche? Não sei. Repetiram-me, cem vezes: "Permita-se ser alocado aqui ou ali. Ali é seu lugar. Lá você será mais útil do que em uma esquadrilha. Podemos formar pilotos aos milhares...". As manobras aéreas são decisivas. Todas as manobras são decisivas. Minha inteligência concordava, mas meu instinto prevalecia sobre minha inteligência.

Por que esse raciocínio me parecia tão ilusório que eu não lhe encontrava nada a rejeitar? Eu dizia a mim mesmo: "Os intelectuais mantêm-se discretos, como vidros de geleia nas prateleiras da Propaganda, para ser degustados depois da guerra...". Isso não era uma resposta!

Ainda hoje, como meus colegas, decolei contra qualquer juízo, todas as evidências, todas as reações imediatas. Chegará o momento em que saberei que tinha razão em estar contra minha própria razão. Prometi a mim mesmo que, caso vivesse, faria esse passeio noturno por meu vilarejo. Então, talvez, eu seria, finalmente, capaz de me habituar comigo mesmo. E verei.

E talvez não tenha nada a dizer sobre o que vir. Quando uma mulher me parece bela, fico sem ter nada a dizer. Vejo-a sorrir, simplesmente. Os intelectuais decompõem o rosto para poder explicar os pedaços, mas não veem mais o sorriso.

Conhecer não é decompor, nem explicar. É acessar a visão. Mas, para ver, convém, primeiramente, participar. É uma dura aprendizagem...

Durante todo o dia, meu vilarejo manteve-se invisível para mim. Tratava-se, antes da missão, de simples paredes de pau a pique, e camponeses um pouco sujos. Agora, é apenas um amontoado de cascalho, 10 quilômetros abaixo de mim. Eis meu vilarejo.

Mas, hoje à noite, talvez, um cão de guarda acorde e comece a latir. Sempre experimentei a magia de um vilarejo que sonha em alto e bom som, pela voz de um único cão de guarda, na noite iluminada.

Não tenho nenhuma esperança de me fazer compreender; sou absolutamente indiferente a tudo isso. Quero apenas que a mim se mostre – atrás das portas trancadas, guardando as provisões de grãos, o gado, os costumes – meu vilarejo, pronto para dormir!

Os camponeses, retornando dos campos, e depois de servida a refeição, colocadas as crianças na cama e assoprado o lampião, vão se fundir em seu silêncio. E nada mais existirá além dos lentos movimentos da respiração, sob os belos e grosseiros lençóis do interior, como as ondas reminiscentes sobre o mar depois do temporal.

Deus suspende o usufruto das riquezas durante o balanço noturno. Por isso, a herança reservada aparecerá para mim, de forma mais clara, quando os homens repousarem, com as mãos abertas pelo jogo do sono inflexível, que relaxa os dedos até o dia seguinte.

Então, talvez, eu contemplarei o que é inominável. Terei andado como um cego cujas palmas o conduziram até o fogo. Ele não saberia como descrevê-lo, e, no entanto, soube encontrá-lo. Assim, talvez, o que convém proteger se mostrará – algo que não se vê, mas que dura, tal qual uma brasa, sob as cinzas das noites de um vilarejo.

Eu não tinha nada a esperar de uma missão fracassada. Para compreender um simples vilarejo, é preciso antes...

— Capitão!

— Sim?

— Seis caças, seis, defronte, à esquerda!

Isso me soou como um trovão.

É preciso... É preciso... Gostaria de ter sido pago a tempo. Gostaria de ter direito ao amor. Gostaria de reconhecer por quem vou morrer...

VIII

— *Artilheiro!*

— Capitão?

— Você ouviu? Seis caças, seis, defronte, à esquerda!

— Ouvi, capitão!

— Dutertre, eles nos viram?

— Viram. Vieram na nossa direção. Estamos 500 metros acima deles.

— Artilheiro, você ouviu? Quinhentos metros acima de nós. Dutertre! Ainda estão longe?

— ...a alguns segundos.

— Artilheiro, ouviu? Estarão na nossa cauda em alguns segundos.

Ali, estou vendo! Pequenos. Um enxame de vespas envenenadas.

— Artilheiro! Eles passaram por nossa retaguarda. Você vai vê-los em um segundo. Ali!

— Eu... Eu não vejo nada. Ah! Estou vendo!

Eu não os vejo mais!

— Estão no nosso encalço?

— Estão no nosso encalço!

— Estão subindo rápido?

— Não sei... Acho que não... Não!

— O que o senhor decide, meu capitão?

Foi Dutertre quem falou.

— O que você quer que eu decida?

E nos calamos.

Não há nada a decidir. Isso cabe a Deus, exclusivamente. Se eu virasse, diminuiria a distância que nos separa. Como continuamos adiante, na direção do sol – e, nas grandes altitudes, não se sobe 500 metros sem perder o alvo por alguns quilômetros –, pode ser que, antes que houvessem atingido nossa altura, tivessem nos perdido contra o sol, ao retomar sua velocidade.

— Artilheiro, continuam?

— Continuam.

— Aumentamos a distância?

— Hein... Não... Sim!

Isso cabe a Deus e ao sol.

Prevendo um eventual combate (embora um esquadrão de caça seja mais propenso a matar que a combater), eu me esforço, lutando contra ele com todos os meus músculos, para desemperrar meu balancim. Tenho uma estranha sensação, mas os caças continuam sob a minha visão. E ponho todo o meu peso nos comandos enrijecidos.

Uma vez mais, observo que estou, de fato, menos emocionado nessa manobra, que, no entanto, me restringe a uma espera absurda, maior do que quando estava me vestindo. Sinto também um certo tipo de raiva. Uma raiva benéfica.

Mas nenhuma vontade de me sacrificar. Tenho vontade de atacar.

— Artilheiro, nós os despistamos?

— Sim, meu capitão.

Vamos conseguir.

— Dutertre... Dutertre...

— Meu capitão?

— Não... Nada.

— O que houve, meu capitão?

— Nada... Achei que... Nada.

Não vou lhes dizer nada. Não é algo que se faça. Se eu iniciar uma espiral, eles vão perceber. Verão que inicio uma espiral...

Não é natural que eu esteja suando em bicas, com 50 graus de frio. Não é natural! Ah! Já entendi o que está acontecendo: estou desmaiando aos poucos. Bem devagarinho...

Vejo o painel central. Não vejo o painel central. Minhas mãos começam a amolecer sobre o manche. Nem tenho mais forças para falar. Desisto. Desistir...

Apertei o tubo de borracha. Recebi no nariz a baforada de ar quente que traz a vida. Não se trata de uma pane de oxigênio. Mas... Sim, é claro. Fui estúpido. É o balancim. Exerci contra ele esforços de estivador, de caminhoneiro. A 10 mil metros de altitude, agi como um lutador de circo. No entanto, meu oxigênio estava contado. Deveria consumi-lo com parcimônia. Estou pagando pelo desperdício...

Respiro aos trancos. Meu coração bate rápido, muito rápido. Como um chocalho fraco. Não vou dizer nada à minha tripulação. Se começar uma espiral, saberão imediatamente! Vejo o painel central... Não vejo o painel central... E, em meio a meu suor, sinto-me triste.

A vida, pouco a pouco, volta para mim.

— Dutertre!

— Meu capitão?

Queria lhe contar o que aconteceu.

— Eu... achei... que...

Mas nego-me a falar. As palavras consumem oxigênio demais, e as três que acabo de dizer já me deixaram sem fôlego. Sou um fraco, um fraco convalescente...

— O que houve, meu capitão?

— Não... Nada.

— Meu capitão, o senhor está realmente misterioso!

Estou misterioso. Mas continuo vivo.

— Eles não... Não nos... Atingiram...

— Ah, meu capitão, isso é provisório!

É provisório: ainda há Arrás.

Assim, durante alguns minutos, acreditei que iria voltar e, enquanto isso, não percebi minha fervorosa angústia, que, dizem, torna os cabelos brancos. E lembrei-me de Sagon. Do depoimento de Sagon, que visitamos alguns dias depois do combate que o abateu, há dois meses, em plena zona francesa: tudo o que ele sentira quando os caças o cercaram, pregando-o – de certa forma – a seu mastro de execução... Será que ele já se tinha como morto naqueles dez segundos?

IX

Eu o revejo com detalhes, deitado em seu leito de hospital. Seu joelho ficara preso no leme do avião e quebrou durante o salto do paraquedas, mas Sagon não sentiu o choque. Seu rosto e suas mãos queimaram-se gravemente, mas, no fim das contas, ele não sofreu nada de mais preocupante. Ele nos contou sua história lentamente, com uma voz de pouco-caso, como se fosse o relatório da lição de casa.

— ...percebi que eles atiravam, quando me vi envolto por um rastro luminoso de balas. Meu painel central explodiu. Depois, percebi um pouco de fumaça... Ah, não muito!... Que parecia vir da frente. Pensei que era... Vocês sabem, ali há um tubo de conexão... Ah, não havia tantas chamas assim...

Sagon faz uma careta. Pondera a questão. Acha importante nos dizer se havia muitas chamas ou não. Hesita:

— Ainda assim... Pegava fogo... Então, mandei que eles saltassem.

Pois o fogo, em dez segundos, transforma o avião em uma tocha!

— Então, abri o canopi[5]. Fiz besteira. O ar entrou de vez... O fogo... Fiquei incomodado.

O forno de uma locomotiva cospe uma torrente de chamas no ventre, a 7 mil metros de altitude, e você fica incomodado! Não vou trair Sagon exaltando seu heroísmo ou seu pudor. Ele não reconheceria nenhum dos dois. Simplesmente, diria: "Sim! Sim! Fiquei incomodado...". Além disso, ele, visivelmente, faz bastante esforço para ser detalhista.

E eu sei muito bem que o campo da consciência é minúsculo. A consciência só aceita um problema por vez. Se você começar a esmurrar alguém, e a estratégia de luta começar a preocupá-lo, não receberá nenhum murro. Quando achei que fosse me afogar, durante um acidente de hidroavião, a água, que estava gelada, pareceu-me até um pouco morna. Ou, mais precisamente, minha consciência não considerou a temperatura da água. Ela estava envolta em outros problemas. A temperatura da água não deixou nenhum traço em minha memória. Assim, a consciência de Sagon foi envolta pela técnica da partida. O universo de Sagon se limitava à manivela que comanda o canopi deslizante, a uma certa alça do paraquedas – cuja posição o preocupava – e ao destino técnico de sua equipe. "Você saltou?" Nenhuma resposta. "Ninguém a bordo?" Nenhuma resposta.

— Pensei estar sozinho. Achei que pudesse partir... (ele já estava com o rosto e as mãos queimados). Levantei-me, pulei a carlinga[6] e, primeiro, fiquei em pé sobre a asa. Ali, inclinei-me para a frente: ainda não tinha visto o observador...

O observador, certamente morto pelos tiros dos caças, jazia no fundo da carlinga.

— Então, recuei na direção da traseira, e não vi o artilheiro...

O artilheiro também havia sido abatido.

---

5 Cobertura da cabine de pilotagem de aviões de pequeno porte. (N. do T.)
6 Abertura no dorso da fuselagem do avião, de modo a acomodar pilotos, tripulantes e passageiros. (N. do T.)

— Pensei estar sozinho...

Ele refletiu:

— Se eu soubesse... Poderia ter voltado a bordo... Não queimava tanto assim... Fiquei muito tempo sobre a asa, do mesmo jeito... Antes de sair da carlinga, havia programado o avião para subir. O voo estava estabilizado, a respiração, suportável, e eu me sentia muito bem. Ah, sim, fiquei muito tempo sobre a asa... Não sabia o que fazer...

Não que Sagon estivesse diante de problemas complicados: ele acreditava estar sozinho a bordo, o avião estava em chamas, e os caças voltavam a cruzar os céus, cuspindo projéteis. O que Sagon queria nos dizer é que ele não sentia nenhuma motivação. Ele não sentia nada. Dispunha de todo o tempo do mundo. Ele mergulhava em uma espécie de calma interminável. E, ponto por ponto, eu reconhecia essa extraordinária sensação que, às vezes, acompanha a iminência da morte: uma calma inesperada... Que é completamente desmentida pela realidade, por uma precipitação frenética e imaginária! Sagon continuava ali, sobre a asa, como que ejetado para fora do tempo!

— E, depois, eu saltei. — disse ele — Saltei mal. Vi-me em um redemoinho. Tive medo de abrir meu paraquedas cedo demais e me enrolar nele. Esperei estar estabilizado. Ah, esperei tempo demais...

Assim, Sagon conservou a lembrança de ter esperado, do início ao fim de sua aventura. Esperou que as chamas ficassem mais fortes. Depois, na asa, esperou sabe-se lá o quê. E, em queda livre, na vertical em direção ao solo, esperou uma vez mais.

E tratava-se do próprio Sagon, e, mesmo que se tratasse de um Sagon rudimentar – mais ordinário do que de costume –, era um Sagon um pouco hesitante, que, à beira de um abismo, não saía do lugar, por estar entediado.

X

Já faz duas horas que estamos mergulhados em uma pressão externa reduzida a um terço da pressão normal. A tripulação, lentamente, começa a se desgastar. Mal falamos uma palavra. Ainda tentei, uma ou duas vezes, com toda a prudência, desemperrar meu balancim. Não insisti. A cada vez, fui invadido pela mesma sensação, uma calmaria extenuante.

Dutertre, em função das inclinações que tirar fotos exige dele, avisa-me, muito tempo antes. Estou me virando como posso, com o que me resta do manche. Inclino o avião e puxo-o para mim. E consigo, para Dutertre, algumas inclinações de 20 em 20 graus.

— Estamos em que altitude?

— Dez mil e duzentos...

Penso, mais uma vez, em Sagon... Um homem é sempre um homem. Somos homens. E, em mim, nunca encontrei ninguém além de mim mesmo. Sagon não conheceu ninguém além de Sagon. Quem morre, morre como sempre foi. Na morte de um mineiro comum, é um mineiro comum que morre. Onde se acha essa demência amargurada que, para nos deslumbrar, inventam os literatos?

Na Espanha, vi tirarem um homem, depois de alguns dias de trabalho, do porão de uma casa destruída por um torpedo. A multidão cercava a casa em silêncio, e, pareceu-me, com uma súbita timidez, que aquele que quase voltava do além, ainda coberto pelos destroços, um tanto quanto embrutecido pela asfixia e pelo jejum, assemelhava-se a uma espécie de monstro extinto. Quando alguns dos presentes tomaram a coragem de interrogá-lo, e ele prestou pouquíssima atenção às questões, a timidez da multidão tornou-se mal-estar.

Tentaram questioná-lhe com chavões embaraçosos, pois ninguém sabia formular uma pergunta real. Diziam-lhe: "O que o senhor está sentindo?... No que estava pensando?... O que estava fazendo?". Assim, lançavam ao acaso passarelas sobre um abismo, como se tivessem empregado uma convenção primeira para alcançar, em sua própria escuridão, o cego surdo-mudo que tentaram socorrer.

Mas, quando o homem conseguiu nos dizer algo, respondeu:

— Ah, sim, eu ouvia extensos desmoronamentos...

Ou, então...

— Fiquei bastante preocupado. Demorou... Ah, demorou bastante...

Ou, ainda...

— Tinha dor na lombar, muita dor...

E esse bravo homem só falava do bravo homem. Ele falou, sobretudo, de seu relógio de pulso, que tinha perdido...

— Eu procurei por todo lugar... Gostava muito dele... Mas, no escuro...

E, certamente, a vida lhe ensinara a sensação do tempo que escoa, ou a sensação do amor pelos objetos familiares. E ele se servia do homem que era para sentir seu universo, mesmo que fosse o universo de um desmoronamento durante a noite. E, à questão fundamental, que ninguém sabia formular, mas que comandava todas as tentativas – "Quem o senhor era? Quem surgiu em si?" –, ele não poderia ter respondido nada a não ser "Eu mesmo...".

Nenhuma circunstância desperta em nós um estranho de cuja existência já não suspeitávamos. Viver é nascer lentamente. Seria fácil demais tomar almas emprestadas já prontas!

Às vezes, uma epifania repentina parece fazer bifurcar todo um destino. Mas tal epifania nada mais é que a visão súbita, pelo Espírito, de uma rota preparada lentamente. Eu aprendi a gramática lentamente. Fizeram-me praticar a sintaxe. Despertaram meus sentimentos. E eis que, bruscamente, um poema bateu em meu coração.

É certo que, agora, não sinto nenhum amor, mas, se, hoje à noite, algo me for revelado, será porque terei levado com muito esforço minhas pedras à construção invisível. Eu preparo uma festa. Não terei o direito de falar de uma aparição súbita, em mim, de um outro diferente de mim, pois sou eu quem constrói esse outro.

Não tenho nada a esperar da aventura da guerra a não ser essa lenta preparação. Ela terá sua paga mais tarde, assim como a gramática...

Toda a vida entorpeceu-se em nós por causa desse lento desgaste. Nós envelhecemos. A missão envelhece. Quanto custam as altas altitudes? Uma hora vivida a 10 mil metros equivale a uma semana, três semanas, um mês de vida orgânica, de exercícios do coração, dos pulmões, das artérias? Aliás, pouco me importa. Meus desmaios pela metade me acrescentaram séculos: estou imerso na serenidade dos velhos. As sensações que tivera ao me vestir parecem-me infinitamente longínquas, perdidas no passado. A cidade de Arrás, infinitamente longínqua no futuro. A aventura da guerra? Onde há aventuras de guerra?

Quase morri, há dez minutos, e não tenho nada a contar a não ser a passagem dessas vespas minúsculas, vistas de relance, durante três segundos. E, em nosso esquadrão, nunca mais nos lembraremos dela.

— Um pouco mais fundo à esquerda, meu capitão.

Dutertre esqueceu-se de que meu balancim está emperrado! Penso em uma gravura que me encantou na infância. Via-se nela, sobre um fundo com a aurora boreal, um cemitério extraordinário de navios perdidos, retidos nos mares austrais. Eles erguiam braços cristalizados, em meio à luz acinzentada de uma noite eterna. Em uma atmosfera morta, continuavam a estender velas que haviam conservado a marca do vento, como uma cama guarda a marca sutil de um ombro. Mas essas velas nos pareciam duras e quebradiças.

Aqui, tudo está emperrado. Meus comandos estão congelados. Minhas metralhadoras estão congeladas. E, quando perguntei ao artilheiro sobre as dele:

— Suas metralhadoras?...

— Mais nada.

— É mesmo?

No tubo de expiração da minha máscara, cuspo agulhas de gelo. De tempos em tempos, preciso esmagar, através da borracha flexível, a rolha de gelo que me sufoca. Quando a pressiono, sinto-a ranger na palma da minha mão.

— Artilheiro, tudo bem com o oxigênio?

— Tudo bem...

— Qual a pressão nos tubos?

— Hein... Setenta.

— É mesmo?

Para nós, o tempo também congelou. Somos três velhos de barba branca. Nada se move. Nada é urgente. Nada é cruel.

A aventura da guerra? Certo dia, o comandante Alias achou por bem me dizer:

— Tente tomar cuidado!

Cuidado com o quê, comandante Alias? O caça nos ataca como um raio. O esquadrão de caça, que nos sobrevoa a mil e quinhentos metros de altitude, toma todo o tempo do mundo, depois de nos ter descoberto abaixo dele. Ele emborca, orienta-se, toma sua posição. E nós, nós ignoramos tudo. Somos o rato aprisionado na sombra da ave de rapina. O rato imagina estar vivo. Ainda continua saltitando em meio ao trigo. Mas já é cativo da retina do gavião, mais grudado nela que a uma cola, pois o gavião não o largará mais.

Ainda assim, continuamos a pilotar, a sonhar, a observar o solo, mesmo condenados pelo imperceptível ponto negro que se formou na retina de um homem.

Os nove aviões do esquadrão de caça mergulharão assim que quiserem. Têm todo o tempo do mundo. A 900 quilômetros por hora, atirarão o prodigioso arpão, que nunca erra a presa. O ataque de um esquadrão de bombardeio tem um poder tal que oferece chances de defesa, mas a tripulação de Reconhecimento, isolada em pleno céu, nunca vence as 72 metralhadoras, que, aliás, só se revelam por meio do feixe luminoso de suas balas.

No instante exato em que sabemos que haverá um combate – depois de o caça ter lançado seu veneno de uma vez só, como uma serpente –, já neutralizados e inacessíveis, seremos dominados. É assim que as serpentes agem, lançando sua centelha e retomando seu movimento.

Assim, quando o esquadrão de caça desapareceu, nada mudou, efetivamente. Nem mesmo os rostos mudaram. Eles mudam agora, quando o céu está vazio e a paz se estabeleceu. Agora, o caça nada mais é que uma testemunha imparcial dos primeiros jatos de sangue que escapam da carótida cortada do observador, da primeira chama que, hesitante, passa pelo capô do motor direito. Agora, tendo o veneno penetrado no coração e o primeiro músculo do rosto se contraído, a serpente já se enrolou. O esquadrão de caça não mata. Ele semeia a morte. Ela germina depois de sua passagem.

Cuidado com o quê, comandante Alias? Quando cruzamos com os caças, eu nada tinha a decidir. Não poderia nem mesmo tê-los reconhecido. Se me tivessem dominado, nem sequer os teria reconhecido!

Cuidado com o quê? O céu está vazio.

A terra está vazia.

Não há mais homens quando os observamos a 10 quilômetros de distância. Os movimentos do homem não são mais reconhecíveis a essa distância. Nossas câmeras fotográficas de longo alcance servem-nos de microscópios, aqui. É preciso um microscópio para descobrir não os homens — ele continua invisível a esse instrumento —, mas os sinais de sua presença, as estradas, os canais, os comboios, as balsas. O homem semeia uma lâmina de microscópio. Sou um sábio glacial, e sua guerra, para mim, não passa de uma pesquisa de laboratório.

— Ainda estão atirando, Dutertre?

— Acho que sim.

Dutertre não sabe de nada. As explosões ocorrem muito longe, e as manchas de fumaça confundem-se com o solo. Eles não podem nem mesmo querer tentar nos abater com um tiro tão impreciso. Estamos, a 10 mil metros de altitude, praticamente inatacáveis. Eles atiram para nos localizar e, talvez, guiar o caça em nossa direção. Um caça perdido no céu, como uma poeira invisível.

Aqueles que estão no solo nos distinguem por causa da faixa de madrepérola branca que um avião, ao voar em grandes altitudes, arrasta como um véu de noiva. O abalo da passagem do bólido cristaliza o vapor d'água da atmosfera. E desenrolamos, atrás de nós, uma nuvem de agulhas de gelo. Se as condições externas são propícias à formação de nuvens, essa trilha se expandirá lentamente, tornando-se uma névoa noturna sobre os campos.

Os caças são guiados em nossa direção pelo rádio de bordo, pelo bando de explosões e, depois, pela pompa ostentatória de nossa faixa branca. No entanto, estamos mergulhados em um vazio quase sideral.

Navegamos, sei bem, a 530 quilômetros por hora... No entanto, tudo ficou imóvel. A velocidade é visível sobre uma pista de corrida. Mas, aqui, tudo está imerso no espaço. É assim que a Terra, apesar de seus 42 quilômetros por segundo, perfaz, lentamente, a volta ao redor do Sol. Ela precisa de um ano para tanto. O mesmo acontece conosco, e talvez sejamos lentamente alcançados nesse exercício de gravitação. Qual a densidade da guerra aérea? Grãos de poeira em uma catedral! Como grãos de poeira, atraímos algumas dezenas ou centenas de partículas em nossa direção. E todo esse pó, como de um tapete sacudido, sobe, lentamente, até o sol.

Cuidado com o quê, comandante Alias? Na vertical, vejo apenas bibelôs de uma outra época, sob um cristal imóvel. Debruço-me sobre as vitrines de um museu. Mas elas já se apresentam na contraluz. Muito longe, diante de nós, onde provavelmente está Dunquerque e o mar. Mas, na diagonal, não consigo distinguir grande coisa. Agora, o sol está baixo demais, e eu apenas vejo uma grande placa espelhada.

— Você consegue ver alguma coisa, Dutertre, através dessa porcaria?

— Na vertical, sim, meu capitão...

— Ei, artilheiro, nenhum rastro dos caças?

— Nenhuma novidade...

Na verdade, ignoro completamente se estamos sendo perseguidos ou não, se nos veem arrastando uma coleção de véus virginais ou não.

"Véu virginal" me faz devanear. Primeiro, vem-me uma imagem que estimo, deslumbrante: "...inacessíveis como uma mulher bela demais, prosseguimos em nosso destino, arrastando lentamente nosso vestido com cauda de estrelas de gelo...".

— Um pouco mais fundo à esquerda!

Essa é a realidade. Mas volto à minha poesia ordinária:

"...essa curva provocará o desvio de um céu inteiro de admiradores..."

Mais fundo à esquerda... Mais fundo à esquerda... Quem dera eu pudesse!

A mulher bela demais erra sua curva.

— Se o senhor cantar... Vai acabar desmaiando... Meu capitão.

Então, eu cantei?

Além disso, Dutertre me tira de qualquer vontade de música calma:

— Estou quase terminando as fotos. Logo, o senhor poderá descer na direção de Arrás.

Poderei... Poderei... É claro! É preciso aproveitar as boas oportunidades.

Puxa! As alavancas do gás também estão congeladas...

E digo a mim mesmo:

"Nesta semana, uma missão a cada três retornou. Há, então, uma alta densidade dos perigos da guerra. No entanto, se formos uns dos que retornam, não teremos nada a contar. No passado, vivi muitas aventuras: a criação das rotas postais, a dissidência saariana, a América do Sul... Mas a guerra não é mesmo uma aventura de verdade, apenas um arremedo de aventura. A aventura baseia-se na riqueza de conexões que estabelece, dos problemas que apresenta, das criações que suscita. Não basta, para que se transforme em aventura, um simples jogo de cara ou coroa, no qual se aposta a vida ou a morte. A guerra não é uma aventura. A guerra é uma doença. Como o tifo."

Talvez eu venha a compreender, mais tarde, que minha única aventura de guerra verdadeira foi a que travei em meu quarto, em Orconte.

XI

Eu morava em Orconte, um vilarejo perto de Saint-Dizier, onde meu esquadrão ficou estacionado durante o inverno de 1939 – um inverno muito rigoroso –, em uma fazenda construída com paredes de taipa. À noite, a temperatura caía a ponto de transformar em gelo a água da minha vasilha rudimentar, e a primeira coisa que eu fazia, antes mesmo de me vestir, era, logicamente, acender o fogo. Mas fazê-lo exigia que eu saísse da cama – em que estava aquecido e me enrolava prazerosamente.

Nada me parecia mais maravilhoso que aquela cama simples de monastério, naquele quarto vazio e gelado. Ali, eu saboreava a beatitude do repouso, depois das duras jornadas. Saboreava também a segurança. Nada me ameaçava ali. Durante o dia, meu corpo era oferecido aos rigores das altas altitudes e aos projéteis intensos. Durante o dia, meu corpo podia ser transformado em um ninho de sofrimentos, injustamente dilacerado. Durante o dia, meu corpo não me pertencia. Não me pertencia mais. Podiam arrancar-lhe membros, tirar-lhe sangue. Pois um outro fato da guerra é que esse corpo se torna um depósito de acessórios que não são mais sua propriedade. Vem o oficial e requisita seus olhos. E você lhe cede seu dom de ver. Vem o oficial e requisita suas pernas. E você lhe cede seu dom de andar. Vem o oficial, com sua tocha, e requisita toda a carne de seu rosto. E você nada mais é que um monstro, tendo-lhe cedido, como resgate, seu dom de sorrir e de mostrar sua amizade aos homens. Assim, esse corpo, que poderia se revelar, durante o dia, meu inimigo e me fazer mal, esse corpo, que ainda poderia se transformar em uma fábrica de lamentos, eis que ele ainda era meu amigo, obediente e fraternal, bem enrolado nos lençóis em seu meio-sono, sem confiar à minha consciência nada além de seu prazer de viver, seu ronronar abençoado. Mas precisava tirá-lo da cama e lavá-lo na água gelada, barbeá-lo e vesti-lo, para ofertá-lo – usemos o termo correto – à forja. E essa saída da cama parecia-se com a extração dos braços maternos, do seio materno, de tudo o que, durante a infância, valoriza, acaricia e protege um corpo de criança.

Então, depois de ter pesado, amadurecido e atrasado com carinho minha decisão, eu saltava de uma só vez, com os dentes cerrados, até a lareira, na qual eu largava uma pilha de lenha, que regava com combustível. Uma vez que o fogo pegasse, e depois de conseguir atravessar, mais uma vez, meu quarto, enfiava-me de novo na cama, em que reencontrava meu calor, e da qual, metido sob as cobertas e o edredom – com apenas o olho esquerdo descoberto –, vigiava minha lareira. A princípio, ela demorava a pegar; depois, curtos clarões iluminavam o teto. E, então, o fogo começava a se instalar, como uma festa em plena arrumação. E principiava a crepitar, roncar, cantar. Alegre como um banquete de núpcias do interior, quando a multidão começa a beber, a esquentar e a acotovelar-se.

Ou, então, parecia-me ser guardado por meu fogo elegante como por um cão pastor ativo, fiel e diligente, que desempenhava muito bem sua missão. Observando-o, eu sentia um júbilo surdo. E, quando a festa chegava ao auge, com sua dança de sombras no teto e sua música quente e dourada, e suas criações de cinza pelos cantos, quando meu quarto já estava tomado por aquele odor mágico de fumaça e de resina, eu abandonava, de uma só vez, um amigo pelo outro, correndo da minha cama para meu fogo, dirigindo-me ao mais generoso dos dois, e não me lembro se tostava minha barriga ou se esquentava o coração. Entre duas tentações, covardemente, entregara-me à mais forte, à mais rutilante, àquela que, com sua fanfarra e seu brilho, fazia melhor sua propaganda.

Assim, por três vezes – primeiro, para acender meu fogo; depois, para voltar a me deitar; e, por fim, para fazer a colheita das chamas –, por três vezes, batendo os dentes, eu atravessara as estepes vazias e geladas do meu quarto e conhecera um pouco das expedições polares. Andara através do deserto em direção a um destino bem-aventurado e fora recompensado por esse fogaréu, que dançava para mim, à minha frente, sua dança de cão pastor.

Essa história parece não ser nada. No entanto, foi uma grande aventura. Meu quarto me mostrava, com toda a transparência, o que eu nunca teria descoberto se, um dia, tivesse visitado essa fazenda como turista. Ela teria me mostrado, simplesmente, seu vazio banal, mobiliado apenas com uma cama, uma vasilha de água e uma lareira ruim. Eu teria bocejado por alguns minutos. Como poderia ter discernido suas três províncias, suas três civilizações, do sono, do fogo e do deserto? Como poderia ter pressentido a aventura do corpo, que é, primeiramente, um corpo de criança pendurado ao seio materno, acolhido e protegido, depois um corpo de soldado, criado para sofrer e, por fim, o corpo de homem, cheio do júbilo pela civilização do fogo, que é o núcleo da tribo? O fogo honra o anfitrião e seus colegas. Se eles visitam seu amigo, tomam parte em seu banquete, puxam as cadeiras em torno da sua e, falando-lhe dos problemas cotidianos, de suas preocupações e chateações, dizem, esfregando as mãos e enchendo seus cachimbos: "Um fogo, ainda assim, é sempre agradável!".

Mas já não há fogo que me faça crer na ternura. Não há mais quarto gelado que me faça crer na aventura. Eu acordo do sonho. Só resta um vazio absoluto. Só resta uma velhice extrema. Nada mais que uma voz, a de Dutertre, que me diz, obcecado por seu desejo utópico:

— Mais fundo à esquerda, meu capitão...

XII

Exerço meu ofício corretamente. O que não me impede de ser um tripulante derrotado. Estou mergulhado na derrota. A derrota fede por todo lado, o que se percebe, claramente, em minhas mãos.

As alavancas do gás estão emperradas. Estou condenado a virar com a máxima potência. E eis que esses dois pedaços de sucata me trazem intrincados problemas.

No avião que estou pilotando, o aumento do ritmo das hélices é limitado, baixo demais. Não posso querer evitar, ao mergulhar com toda a força, uma velocidade de aproximadamente 800 quilômetros por hora e a trepidação dos meus motores. Ora, a trepidação de um motor pode causar uma rachadura.

A rigor, eu poderia cortar os contatos. Mas, assim, eu causaria uma pane definitiva. Essa pane levaria ao fracasso da missão e à perda eventual do avião. Nem todos os terrenos são favoráveis à aterrissagem de um aparelho que toca o solo a 180 quilômetros por hora.

Por isso, é essencial que eu desemperre as alavancas. Depois de um primeiro esforço, chego ao limite da alavanca esquerda. Mas a da direita ainda resiste.

Agora, seria possível efetuar minha descida a uma velocidade de voo tolerável, se, ao menos, eu conseguisse desacelerar o motor sobre o qual já consigo agir, o esquerdo. Mas, se reduzir a velocidade do motor esquerdo, precisarei compensar a tração lateral do motor direito, pois ele, evidentemente, tenderá a fazer girar o avião para a esquerda. Serei obrigado a resistir a essa rotação. No entanto, o balancim, do qual depende essa manobra, também continua completamente gelado. Assim, estou impossibilitado de compensar o que quer que seja. Se desacelerar o motor esquerdo, vou cair em uma espiral.

O único recurso que me resta, então, é arriscar ultrapassar, durante a descida, o limite teórico de potência, que levaria à rachadura. Três mil e quinhentos giros: perigo de ruptura.

Tudo isso é absurdo. Nada está ajustado. Nosso mundo é feito de engrenagens que não se ajustam entre si. Não são os materiais que estão em questão, mas o Relojoeiro. Falta o Relojoeiro.

Depois de nove meses de guerra, ainda não conseguimos fazer com que as indústrias que dela dependem adaptem as metralhadoras e os comandos ao clima das grandes altitudes. E não é o desinteresse dos homens que nos atrapalha. Os homens são, na sua maioria, honestos e minuciosos. Sua inércia, quase sempre, é uma consequência – e não uma causa – de sua ineficiência.

A ineficácia pesa sobre todos nós como uma fatalidade. Ela pesa sobre os soldados de infantaria, armados de baionetas diante de tanques. Pesa sobre os tripulantes, que lutam à proporção de um contra dez. Pesa até mesmo sobre aqueles que deveriam ter como missão modificar as metralhadoras e comandos.

Vivemos no ventre cego de uma administração. Uma administração é uma máquina. Quanto mais uma administração se aperfeiçoa, mais ela elimina a arbitrariedade humana. Em uma administração perfeita, em que o homem desempenha seu papel de engrenagem, a preguiça, a desonestidade e a injustiça não têm mais oportunidade de se impor.

Mas, da mesma forma que a máquina é construída para administrar uma sucessão de movimentos previstos de uma única vez, a administração não é mais capaz de criar. Ela simplesmente administra. Aplica essa sanção a essa falta, aquela solução àquele problema. Uma administração não é concebida para resolver problemas novos. Se forem colocadas peças de madeira em uma estampadora de metais, não sairão móveis. Seria preciso, para que a máquina se adaptasse, que o homem tivesse o direito de modificá-la. Mas, em uma administração, concebida para resistir aos inconvenientes da arbitrariedade humana, as engrenagens recusam a intervenção do homem. Elas repudiam o Relojoeiro.

Faço parte do Esquadrão 2/33 desde novembro. Meus colegas, desde minha chegada, advertiram-me:

— Você vai passear na Alemanha sem metralhadoras nem comandos.

Depois, para me consolar:

— Não se preocupe. Você não perderá nada. Os caças sempre abatem antes mesmo que nós os avistemos.

Em maio, seis meses mais tarde, as metralhadoras e os comandos continuam a emperrar.

Vem-me à cabeça um ditado tão velho quanto meu país: "Na França, quando tudo parece estar perdido, um milagre salva a França". Entendi o porquê. Às vezes, acontecia de um desastre arruinar a bela máquina administrativa de tal forma que ela se mostrava irreparável, fazendo com que a substituíssemos, por falta de coisa melhor, por simples homens. E os homens salvaram tudo.

Quando um torpedo tiver reduzido o Ministério da Aeronáutica a cinzas, convocarão, com urgência, um cabo qualquer, dizendo-lhe:

— Você está encarregado de desemperrar os comandos. Tem carta branca. Vire-se. Mas, se daqui a 15 dias eles continuarem a emperrar, você irá para a prisão.

Talvez, então, os comandos desemperrem.

Conheço centenas de exemplos dessa distorção. As comissões de recrutamento de um certo departamento da região Norte[7], por exemplo, requisitaram novilhas prenhes e, com isso, transformaram os abatedores em cemitérios de fetos. Nenhuma engrenagem da máquina, nenhum coronel do serviço de recrutamento tinha qualificação para agir de um modo diferente do de uma engrenagem. Todos eles obedeciam a uma outra engrenagem, como em um relógio. Toda revolta seria inútil. É por isso que essa máquina, uma vez que começara a se equivocar, pôs-se alegremente a abater novilhas prenhes. Talvez esse tenha sido um mal menor. Ela bem que poderia, se o equívoco tivesse sido mais grave, começado a abater coronéis.

Sinto-me desmotivado até o pescoço por essa decadência universal. Mas, como me parece inútil detonar um de meus motores, pressiono, uma vez mais, a alavanca da esquerda. Com o meu descontentamento, exagero no esforço. Depois, desisto. Toda essa força me custou uma nova pontada no coração. Decididamente, o homem não foi feito para os exercícios físicos a 10 mil metros de altitude. Essa pontada é uma dor na surdina, uma espécie de consciência local, despertada de forma bizarra na escuridão dos órgãos.

Que os motores se explodam, se quiserem. Não me importo. Faço força para respirar. Tenho a impressão de que não respiraria mais se me deixasse distrair. Lembro-me dos foles do passado, com os quais reanimava-se o fogo. Reanimo meu fogo. Queria muito convencê-lo a "pegar".

O que estraguei de tão irreparável? A 10 mil metros, um esforço físico um pouco mais brusco pode acarretar um rompimento dos músculos do coração. O coração é muito frágil. Precisa servir por muito tempo. É um absurdo comprometê-lo com trabalhos tão grosseiros. É como se queimássemos diamantes para cozinhar uma maçã.

---

7   Na França, os departamentos são uma divisão político-administrativa equivalente aos estados brasileiros. (N. do T.)

XIII

É como se queimássemos todos os vilarejos da região Norte, sem tardar, com tal destruição – nem mesmo em um dia –, o avanço alemão. No entanto, essa provisão de vilarejos, essas velhas igrejas, essas velhas casas e toda a carga de lembranças que carregam, e seus belos pisos de nogueira envernizada, e os belos enxovais em seus armários, e as rendas de suas janelas, que foram usadas até hoje sem que se estragassem – eis que, de Dunquerque até a Alsácia, eu as vejo queimar.

Queimar é uma palavra muito forte quando observamos a 10 mil metros de altitude, pois, sobre os vilarejos, como sobre as florestas, resta apenas uma fumaça imóvel, uma espécie de gelo esbranquiçado. O fogo não passa de uma digestão secreta. A 10 mil metros, o tempo parece dilatado, já que não existe mais movimento. Não há mais chamas crepitando, vigas arrebentando, turbilhões de fumaça preta. Há apenas esse leite acinzentado, solidificado no âmbar.

Poderemos curar essa floresta? Poderemos curar esse vilarejo? Observando de onde estou, o fogo rói com a lentidão de uma doença.

Nesse ponto, ainda há muito a dizer. "Não vamos poupar os vilarejos." Ouvi dizerem isso. E era necessário dizê-lo. Um vilarejo, durante uma guerra, não é um encontro de tradições. Nas mãos do inimigo, não passa de um ninho de ratos. Tudo muda de sentido. Assim, certas árvores, de 300 anos, abrigavam sua velha casa familiar. Mas elas ficam na trajetória de tiro de um tenente de 22 anos. Então, ele despacha uma quinzena de homens para devastar, em sua casa, a obra do tempo. Ele consome, em uma ação que leva dez minutos, 300 anos de paciência e de sol, 300 anos de religião da casa, e de noivados sob as sombras do parque. E você lhe diz:

— Minhas árvores!

Mas ele não o escuta. Ele faz a guerra. Ele tem razão.

Vilarejos, porém, são queimados para jogar o jogo da guerra, assim como se derrubam os parques e se sacrificam as tripulações, assim como se recruta a infantaria contra os tanques. E reina um mal-estar inominável. Pois nada disso tem serventia.

O inimigo reconheceu uma evidência, e vai explorá-la. Os homens ocupam pouco lugar na imensidão das terras. Seriam necessários 100 milhões de soldados para erguer uma muralha contínua. Por isso, há buracos entre as tropas. Esses buracos são neutralizados, em princípio, pela mobilidade das tropas, mas, do ponto de vista de uma máquina blindada, um exército pouco motorizado parece estar imóvel. Os buracos, então, tornam-se fendas reais. Daí a conhecida regra simples de uso tático: "A divisão blindada deve agir como a água. Ela deve pressionar levemente a defesa do adversário e avançar apenas nos lugares onde não encontrar resistência". É dessa forma que os tanques apertam o bloqueio. Sempre há brechas. Eles sempre passam.

Ora, essas incursões de tanques que circulam sem dificuldade, por falta de máquinas que se oponham a eles, trazem consequências irreparáveis, ainda que só acarretem destruições aparentemente superficiais (como capturas de Estados-Maiores locais, rompimentos de linhas telefônicas, incêndios de vilarejos). Os tanques fazem o papel de agentes químicos, que destruiriam não o organismo, mas os nervos e os gânglios. No território que foi varrido como um raio, todo exército, mesmo que pareça praticamente intacto, perde o caráter de exército. Ele se transforma em grãos independentes. Onde havia um organismo, resta apenas uma somatória de órgãos cujas conexões foram rompidas. Depois disso, entre os grãos – tão combativos quanto houver homens –, o inimigo avança como quiser. Um exército deixa de ser eficaz quando não passa de uma somatória de soldados.

Não se fabrica nenhum equipamento há quinze dias. Nem mesmo... A corrida aos armamentos só poderia sair perdedora. Éramos 40 milhões de agricultores, diante de 80 milhões de industriais!

Confrontamos o inimigo à proporção de um homem contra três. Um avião contra dez ou 20, e, a partir de Dunquerque, um tanque contra cem. Não nos damos ao luxo de meditar sobre o passado. Assistimos ao presente. O presente é assim. Nenhum sacrifício, jamais, em lugar nenhum, será suscetível de retardar o avanço alemão.

Por isso, da cúpula à base das hierarquias civis e militares, do encanador ao ministro, do soldado ao general, reina uma espécie de sentimento de culpa que não sabe, nem ousa, se definir. O sacrifício perde toda a sua grandeza ao se tornar apenas uma paródia ou um suicídio. É belo sacrificar-se: alguns morrem para que outros se salvem. Tomamos o papel do fogo no incêndio. Lutamos até a morte nas trincheiras, para dar tempo aos libertadores. Sim, mas o fogo, não importa o que se faça, tomará tudo. Não há lugar onde se entrincheirar. Não há nada a esperar dos libertadores. E parece que provocamos o assassinato daqueles por quem combatemos – por quem fingimos combater –, pois o avião, que arruína as cidades na retaguarda das tropas, mudou a guerra.

Mais tarde, ouvirei estrangeiros recriminando a França pelas pontes que não foram destruídas, pelos vilarejos que não foram queimados, pelos homens que não foram mortos. Mas é o contrário, exatamente o contrário, que me choca mais. É nossa enorme boa vontade em tapar nossos olhos e ouvidos. É nossa luta desesperada contra as evidências. Por mais que nada tenha nenhuma serventia, continuamos a explodir as pontes, para jogar o jogo.

Queimamos vilarejos de verdade, para jogar o jogo. E é para jogar o jogo que nossos homens morrem.

É claro que nos esquecemos disso! Esquecemos as pontes, os vilarejos, deixamos viver os homens. Mas o drama dessa derrota é tirar qualquer significado das ações. Seja quem for que exploda uma ponte, não o fará sem reprovação. Esse soldado não retarda o inimigo; ele fabrica uma ponte em ruínas. Estraga seu país para tirar daí uma bela caricatura de guerra!

Para que as ações sejam fervorosas, é preciso que seu significado apareça. É bonito queimar as colheitas que sepultarão o inimigo sob suas cinzas. Mas o inimigo, apoiado em suas 160 divisões, zomba de nossos incêndios e de nossos mortos.

É preciso que o significado do incêndio de um vilarejo seja contrabalançado pelo significado do próprio vilarejo. Ora, o papel de um vilarejo queimado não passa de um papel caricatural.

É preciso que o significado da morte contrabalance a própria morte. Os homens são bons ou maus combatentes? A própria questão não faz sentido! Sabe-se, em teoria, que a defesa de uma aldeia aguenta três horas! Os homens, no entanto, têm ordens de continuar a resistir. Sem meios para combater, eles mesmos pedem ao inimigo a destruição do vilarejo, a fim de que sejam respeitadas as regras do jogo da guerra. Tal qual um amável adversário de xadrez: "Você se esqueceu de pegar este peão...".

Então, desafiamos o inimigo:

— Somos os defensores deste vilarejo. Vocês são os agressores. Vamos lá!

Entenderam a questão. Uma esquadrilha, em uma única jogada, arruína o vilarejo.

— Bela jogada!

Há, certamente, homens inertes, mas a inércia é uma forma grosseira do desespero. Há, certamente, outros homens que fogem. O próprio comandante Alias, duas ou três vezes, chegou a ameaçar com seu revólver alguns coitados inconsoláveis, localizados nas estradas, que respondiam a suas perguntas de soslaio.

Temos tanta vontade de pôr as mãos no responsável por um desastre e, eliminando-o, salvar tudo! Os homens em fuga são responsáveis pela fuga, pois não haveria fuga sem os fugitivos. Então, se lhes mostramos o revólver, tudo dará certo... Mas seria o mesmo que enterrar os doentes para eliminar a doença. O comandante Alias, no fim das contas, guardava o revólver, um revólver que – mesmo a seus olhos – tomava um aspecto pomposo demais, como um sabre em uma ópera cômica. Alias percebia que esses soldados desolados eram efeitos do desastre, e não sua causa.

Alias sabe muito bem que esses homens são os mesmos – exatamente os mesmos – que, em outra parte, ainda hoje, aceitam a morte. Nos últimos 15 dias, 150 mil já a aceitaram. Mas ainda há teimosos que exigem que lhes forneçamos um bom pretexto.

O que é difícil de formular.

O corredor vai correr a competição de sua vida contra competidores de sua classe. Mas, desde a partida, ele percebe que carrega no pé um grilhão de condenado. Seus concorrentes estão leves como plumas. A luta não significa mais nada. O homem desiste:

— Isso não vale nada...

— Vale, sim! Vale, sim!

Ainda assim, o que é preciso inventar para convencer o homem a se comprometer, com todas as suas forças, em uma corrida que já deixou de ser uma corrida?

Alias sabe muito bem como pensam os soldados. Eles pensam assim:

— Isso não vale nada...

Alias guarda seu revólver e procura uma resposta correta.

Só há uma resposta correta. Apenas uma. Desafio qualquer um a encontrar outra:

— Sua morte não mudará nada. A derrota já está consumada. Mas convém que uma derrota seja concretizada com os mortos. Deve haver luto. Vocês estão a serviço para desempenhar esse papel.

— Muito bem, meu comandante.

Alias não despreza os fugitivos. Ele sabe muito bem que sua resposta correta sempre foi o suficiente. Ele mesmo aceita a morte. Todas as suas equipes aceitam a morte. Também para nós, essa resposta correta foi suficiente, mesmo que um pouco disfarçada:

— É bastante chato... Mas eles, no Estado-Maior, fazem questão. Fazem muita questão... É assim que é...

— Muito bem, meu comandante.

Acredito, com toda a simplicidade, que os que estão mortos servem de caução aos outros.

XIV

Envelheci tanto que deixei tudo para trás. Eu olho a grande lâmina espelhada da minha vitrine. Ali embaixo estão os homens. Protozoários em uma lâmina de microscópio. É possível interessar-se pelos dramas familiares de protozoários?

Se não fosse essa dor no coração, que me parece viva, teria me afundado nos meus devaneios vazios, como um tirano envelhecido. Passei dez minutos inventando essa história de figurante. Uma lorota das boas. Quando percebi os caças, por acaso pensei em suspiros afetuosos? Pensei em vespas afiadas. Isso, sim. Eram minúsculas, aquelas porcarias.

Pude inventar, sem desagrado, essa imagem do vestido de cauda! Não pensei em um vestido de cauda, pela simples razão de que jamais cheguei a ver meu próprio rastro! Na carlinga em que estou encaixotado, como um cachimbo em seu estojo, não posso observar nada atrás de mim. Olho para trás pelos olhos do meu artilheiro. E, mesmo assim, se os laringofones não estiverem quebrados! E meu artilheiro nunca me disse: "Eis aí nossos pretendentes apaixonados, que seguem a cauda do nosso vestido...".

Não há nisso nada além de ceticismo e malabarismo. Certamente, eu gostaria de acreditar, de lutar, de vencer. Mas, por mais que se finja acreditar, lutar e vencer, ao incendiar seus próprios vilarejos, é muito difícil exaltar-se com tudo isso.

É difícil existir. O homem não passa de um nó de relações, e meus laços não valem mais grande coisa.

O que há em mim que não funciona? Qual é o segredo das relações? Como é que tudo o que, agora, me parece abstrato e longínquo, em outras circunstâncias conseguiria me transformar? Como é que uma palavra e um gesto conseguem dar voltas infinitas em um destino? Como é que esse jogo dos protozoários, sendo eu Pasteur, poderia me tornar patético a tal ponto que uma lâmina de microscópio me pareceria um território tão vasto quanto a floresta virgem, permitindo-me viver, debruçado sobre ela, a mais alta forma de aventura?

Como é que esse ponto negro, que é uma casa de homens, ali embaixo...

E me vem uma lembrança.

Quando era menino... Volto bem longe na minha infância. A infância, esse grande território de onde cada um de nós veio! De onde sou? Sou da minha infância. Sou da minha infância, como de uma região... Então, quando era menino, vivi, certa noite, uma experiência bem estranha.

Eu tinha 5 ou 6 anos. Eram 8 horas. Oito horas, a hora em que as crianças devem dormir. Sobretudo no inverno, pois já anoiteceu. No entanto, haviam se esquecido de mim.

Ora, havia no térreo dessa grande casa do interior um vestíbulo que me parecia imenso, para o qual dava o cômodo quente em que nós, as crianças, comíamos. Eu sempre tive medo daquele vestíbulo, talvez por causa do abajur fraco, que, localizado perto do centro da salinha, mal a tirava de sua escuridão, parecendo mais um sinal que uma luz, talvez por causa dos lambris, que estalavam no silêncio, talvez, também, por causa do frio. Pois ali saíamos de cômodos luminosos e quentes, como se entrássemos em uma caverna.

Mas, naquela noite, vendo-me esquecido, cedi ao demônio do mal, ergui-me sobre a ponta dos pés até a maçaneta da porta, empurrei-a devagarinho, entrei no vestíbulo e fui, como um foragido, explorar o mundo.

No entanto, os estalos dos lambris me pareceram um aviso da ira celeste. Eu distinguia, vagamente, na penumbra, os grandes painéis condenatórios. Sem ousar continuar, escalei, aos trancos e barrancos, um aparador e, com as costas contra a parede, fiquei ali, as pernas balançando, o coração batendo, como fazem todos os náufragos, sobre seu recife, em alto-mar.

Foi então que se abriu a porta de uma sala, e dois tios, que me inspiravam um terror mortal, fechando a porta atrás deles, em meio ao burburinho e às luzes, começaram a perambular no vestíbulo.

Eu tremia de medo de ser descoberto. Um deles, Hubert, era para mim a imagem da austeridade. Um delegado da justiça divina. Aquele homem, que jamais dera um peteleco em uma criança, repetia para mim, franzindo suas terríveis sobrancelhas, sempre que eu cometia algum crime: "Da próxima vez que eu for à América, vou trazer uma máquina de chicotear. Já aperfeiçoaram tudo na América. É por isso que lá as crianças são tão comportadas. E é um sossego imenso para os pais...".

Eu não gostava da América.

Ora, eles perambulavam, sem me ver, de um lado para o outro, por todo aquele vestíbulo glacial e interminável. Eu os seguia com os olhos e os ouvidos, prendendo a respiração, prestes a desmaiar. — Hoje em dia... — diziam eles. E se afastavam com seu segredo de gente grande, e eu repetia para mim mesmo: — Hoje em dia... — Depois, eles voltavam, como uma maré que tinha, uma vez mais, arrastado na minha direção seus indecifráveis tesouros. — É uma loucura, — dizia um ao outro — é definitivamente uma loucura. — Eu pegava a frase como um objeto extraordinário. E repetia, lentamente, para testar o poder dessas palavras na minha consciência de 5 anos: — É uma loucura, definitivamente uma loucura...

E, então, a maré afastava os tios. E a maré os trazia de volta. Aquele fenômeno, que me abria perspectivas ainda obscuras sobre a vida, reproduzia-se com uma regularidade estelar, como um fenômeno de gravitação. Eu estava bloqueado no meu aparador, por toda a eternidade, ouvinte clandestino de um complô solene, durante o qual meus dois tios, que sabiam de tudo, colaboravam com a criação do mundo. A casa poderia durar ainda mil anos; os dois tios, durante mil anos, oscilando por todo o vestíbulo, com a lentidão de um pêndulo de relógio, continuariam a dar-lhe o gosto da eternidade.

O ponto para o qual estou olhando é, sem dúvida nenhuma, uma casa de homens, 10 quilômetros abaixo de mim. E não percebo nada dela. No entanto, talvez, seja uma grande casa de interior, na qual dois tios andam de um lado para o outro e constroem, lentamente, na consciência de uma criança, algo tão extraordinário quanto a imensidão dos mares.

Descubro, do alto de meus 10 mil metros, um território da envergadura de uma província; no entanto, tudo encolheu, até me sufocar. Disponho, aqui, de menos espaço que disporia naquele ponto escuro.

Perdi o senso de amplidão. Fiquei cego à amplidão. Mas pareço ter sede dela. E, aqui, pareço alcançar um denominador comum a todas as aspirações de todos os homens.

Quando um acaso desperta o amor, tudo no homem se ordena segundo esse amor, e o amor traz-lhe o senso de amplidão. Quando eu morava no Saara, se alguns árabes, surgindo à noite ao redor de nossas fogueiras, nos advertiam de ameaças ao longe, o deserto criava laços e ganhava um sentido. Aqueles mensageiros haviam construído sua amplidão. O mesmo acontece com a música, quando é bela. E com o simples odor de um armário velho, quando desperta e forma lembranças. O patético é o sentimento da amplidão.

Mas eu também compreendo que nada do que diz respeito ao homem é passível de contagem ou de medida. A verdadeira vastidão não foi feita para o olhar; é concedida apenas ao espírito. Ela vale o que representa a linguagem, pois é a linguagem que conecta as coisas.

E me parece que, de agora em diante, consigo entrever melhor o que é uma civilização. Uma civilização é uma herança de crenças, de costumes e de conhecimentos, lentamente adquiridos, durante séculos, às vezes difíceis de justificar pela lógica, mas que se justificam por si mesmos, como os caminhos – se conduzem a algum lugar –, já que eles abrem ao homem sua amplidão interior.

Uma má literatura nos falou da necessidade de evasão. É claro, nós partimos em viagem em busca da amplidão. Mas a amplidão não é encontrada. Ela é fundada. E a evasão nunca levou ninguém a parte alguma.

Quando o homem, para sentir-se homem, precisa correr corridas, cantar em coro ou fazer a guerra, são já as conexões que ele impõe a si mesmo a fim de criar laços com os outros e ao mundo. Mas, coitados! Se uma civilização é forte, ela satisfaz o homem, mesmo que ele continue ali, imóvel.

Em uma certa cidadezinha silenciosa, sob a melancolia de um dia de chuva, vejo uma doente trancafiada, que medita junto à sua janela. Quem é ela? O que fizeram com ela? Eu julgarei a civilização da cidadezinha pela densidade dessa pessoa. Quanto valemos, uma vez imóveis?

No dominicano que reza, há uma presença densa. Esse homem não é mais homem do que quando está prostrado e imóvel. Em Pasteur retendo a respiração sobre seu microscópio, há uma presença densa. Pasteur nunca é mais homem do que quando observa. É então que ele avança. Então, ele se apressa. Então, avança a passos de gigante, mesmo que imóvel, e descobre a amplidão. Assim como Cézanne, imóvel e mudo, diante de seu rascunho, tem uma presença inestimável. Ele nunca é mais homem do que quando se cala, experimenta e avalia. Então, sua tela se torna, para ele, mais ampla que o mar.

A mesma amplidão concedida pela casa da infância, a amplidão concedida por meu quarto em Orconte, a amplidão concedida a Pasteur pelo foco de seu microscópio, a amplidão aberta pelo poema, tantos bens frágeis e maravilhosos que somente uma civilização é capaz de distribuir, pois a amplidão é para o espírito, não para os olhos, e não há amplidão sem linguagem.

Mas como reanimar o sentido da minha linguagem, nesse instante em que tudo se confunde? Quando as árvores do parque são, ao mesmo tempo, nau para as gerações de uma família e simples obstáculo que importuna o atirador. Quando o compressor dos bombardeiros, que desaba pesadamente sobre as cidades, fez afundar um povo inteiro ao longo das estradas, como um suco escurecido. Quando a França mostra a desordem sórdida de um formigueiro dilacerado. Onde se luta, não contra um adversário palpável, mas contra o balancim congelado, as alavancas emperradas, os parafusos estragados...

— Pode descer!

Eu posso descer. Descerei. Irei até Arrás em baixa altitude. Tenho mil anos de civilização atrás de mim para me ajudar. Mas eles não me ajudam em nada. Não é a hora, sem dúvida nenhuma, de recompensas.

A 800 quilômetros por hora e a 3.530 rotações por minuto, eu perco a altitude.

Ao virar, deixei um sol polar exageradamente vermelho. Diante de mim, a 5 ou 6 quilômetros abaixo de mim, vejo uma camada de nuvens geladas, com um frontão retilíneo. Toda uma parte da França está encoberta por sua sombra. Arrás está sob sua sombra. Imagino que, sob essa camada, tudo esteja enegrecido. Eis aí o ventre de uma grande terrina em que borbulha a guerra. Engarrafamentos nas estradas, incêndios, materiais espalhados, vilarejos arruinados, uma confusão... Uma imensa confusão. Tudo se agita no absurdo, sob sua nuvem, como tatuzinhos sob as pedras.

Essa descida parece-se com uma ruína. Precisaremos lutar na lama. Voltamos a uma espécie de barbárie degradante. Lá embaixo, tudo se decompõe! Somos semelhantes a ricos viajantes que, tendo vivido muito tempo em países de corais e palmeiras, voltam, arruinados, para compartilhar, na mediocridade natal, pratos gordurosos de uma família avarenta, o azedume das brigas intestinais, os oficiais de justiça, o sentimento de culpa das preocupações financeiras, as falsas esperanças, as vergonhosas mudanças, as arrogâncias do pensioneiro, a miséria e a morte fétida no hospital. Ao menos aqui, a morte é limpa! Uma morte de gelo e de fogo. De sol, de céu, de gelo e de fogo. Mas, lá embaixo, ser digerido pela terra!

XV

— *Tomemos a rota sul,* capitão. É melhor liquidar nossa altitude em zona francesa!

Olhando essas estradas escuras, que já são passíveis de ser observadas, entendo a paz. Na paz, tudo se encerra em si mesmo. À noite, no vilarejo, os camponeses voltam para casa. Nos sótãos, guardam os grãos. E arrumam a roupa dobrada nos armários. Nas horas de paz, sabemos onde está cada objeto. Sabemos onde encontrar cada amigo. Sabemos onde iremos dormir à noite. Ah, a paz morre quando os planos são arruinados, quando não temos mais lugar no mundo, quando não sabemos onde encontrar quem amamos, quando o cônjuge que foi ao mar não voltou.

A paz é a leitura de um semblante que se mostra através das coisas, quando elas tomaram seu sentido e seu lugar. Quando fazem parte de algo mais amplo que elas, como os minerais aleatórios da terra, uma vez que se mesclaram na árvore.

Mas eis a guerra.

Sobrevoo, então, estradas escurecidas pelo interminável xarope, que escorre infinitamente. Dizem que estão removendo as populações. O que deixou de ser verdade. Elas é que estão se removendo. Há um contágio demente nesse êxodo. Pois aonde vão esses nômades? Eles se põem em marcha para o Sul, como se lá houvesse alojamentos e alimentos, como se lá houvesse carinho para acolhê-los. Mas, no Sul, não há nada além de cidades abarrotadas, a ponto de estourar, onde se dorme em hangares com provisões praticamente esgotadas. Onde mesmo os mais generosos se tornam, pouco a pouco, agressivos, por conta do absurdo dessa invasão que, lenta como um rio de lama, engole a todos. Uma única província não pode alojar nem nutrir toda a França!

Aonde vão eles? Não sabem! Andam na direção de escalas fantasmas, pois basta-lhes abordar um oásis, e ele deixa de sê-lo. Cada oásis acaba ruindo, por sua vez, e, por sua vez, dispersa-se na caravana. E, se a caravana aborda um vilarejo de verdade, que ainda finge estar vivo, ela esgota – a partir do primeiro dia – toda a sua essência. A caravana limpa-o, como os vermes limpam um osso.

O inimigo avança mais rápido que o êxodo. Em alguns pontos, veículos blindados atravessam um rio, que, então, torna-se lamacento e retrocede. Há divisões alemãs que lutam em meio a esse lamaçal, e acabamos vendo o surpreendente paradoxo: aqueles que matavam em outros lugares, ali, dão de beber.

Nós nos alojamos, durante a retirada, em uma dezena de vilarejos vizinhos. Nós mergulhamos na vagarosa multidão que, lentamente, atravessava esses vilarejos:

— Aonde vocês vão?

— Não sabemos.

Eles nunca sabiam de nada. Ninguém sabia de nada. Eles se removem. Mas não havia mais nenhum refúgio disponível. Nenhuma estrada era viável. E, mesmo assim, eles se removiam. Na região Norte, destruíram, com um forte pontapé, o formigueiro, e as formigas partiram. Diligentemente. Sem pânico. Sem esperança. Sem desespero. Como se fosse seu dever.

— Quem lhes deu a ordem de evacuar?

Era sempre o prefeito, o professor primário ou o vice-prefeito. A palavra de ordem, certa madrugada, perto das 3 horas, subitamente sacudira a vila:

— Vamos evacuar.

Já era esperado. Já fazia 15 dias que viam passar refugiados, negando-se a acreditar na eternidade de suas casas. O homem, no entanto, havia deixado de ser nômade fazia muito tempo. Ele construía vilarejos que duravam séculos. Encerava móveis que serviriam a seus bisnetos. A casa da família o receberia quando de seu nascimento e o levaria até sua morte, e, depois, como uma boa nau que passa de uma margem à outra, ela, por sua vez, passaria a seu filho. Mas chega de morada! Partiremos, mesmo sem saber o porquê!

XVI

Nossa experiência na estrada é pesada! Às vezes, nossa missão é dar uma olhadela, em uma única manhã, na Alsácia, na Bélgica, na Holanda, na região Norte da França e no mar. Mas a maior parte de nossos problemas está na terra, e nosso horizonte, frequentemente, encolhe até se limitar ao engarrafamento de um cruzamento! Foi assim que, há apenas três dias, vimos ruir, Dutertre e eu, o vilarejo onde morávamos.

Sem dúvida nenhuma, jamais me livrarei dessa lembrança pegajosa. Dutertre e eu, por volta das 6 horas da manhã, deparamos com uma desordem inominável ao sair de casa. Todas as oficinas, todos os hangares, todas as granjas despejaram nas ruas estreitas as engenhocas mais disparatadas, os carros novos, as velhas carroças – que dormiam em meio à poeira havia 50 anos, obsoletas – as charretes de feno, os caminhões, os ônibus e os basculantes. Nesse caos, se procurássemos com atenção, daria para encontrar até mesmo diligências! Todas as caçambas sobre rodas foram exumadas. Nelas, foram despejados os tesouros das casas. Nelas, carregaram-nos em trouxas abarrotadas, amontoadas de qualquer jeito. E elas já não se parecem com mais nada.

Tais tesouros compunham o semblante da casa. Eram os objetos de culto de religiões particulares. Cada um no seu lugar, tornados necessários pelo costume, embelezados pelas lembranças, cujo valor se dava pela contribuição que davam à fundação dessa pátria íntima. Mas julgavam-nos preciosos por si mesmos, e arrancaram-nos de suas lareiras, de suas mesas, de suas paredes, empilhando-os desordenadamente, e, agora, já não passam de objetos de bazar que evidenciam seu desgaste. As relíquias de devoção empilhadas causam náuseas!

Diante de nós, algo já se decompõe.

— Vocês estão loucos! O que está acontecendo?

A dona do café em que nos encontramos encolhe os ombros:

— Estão evacuando.

— Por quê? Meu bom Deus!

— Não sabemos. O prefeito mandou.

Ela está ocupada demais. Entra por uma escadaria. Nós contemplamos a rua, Dutertre e eu. A bordo dos caminhões, dos carros, das carroças, das charretes com bancos, tudo é uma mistura de crianças, colchões e utensílios de cozinha.

Os carros velhos, sobretudo, estão em um estado lastimável. Um cavalo, rijo entre os andores de uma charrete, dá uma sensação salutar. Um cavalo não precisa de peças de reposição. Com apenas três pregos, conserta-se uma charrete. Mas todos esses vestígios de uma era mecanizada! Esses conjuntos de pistões, de válvulas, de bobinas e de engrenagens, até quando irão continuar funcionando?

— ...capitão... Poderia me ajudar?

— É claro. Com o quê?

— A tirar meu carro da granja...

Eu olho para ela, surpreso:

— A senhora... Não sabe dirigir?

— Ah... Na estrada me arranjo... É menos difícil...

Estão, ela, a cunhada e sete crianças...

Na estrada! Na estrada, ela vai avançar 20 quilômetros por dia, em etapas de 200 metros! A cada 200 metros, precisará frear, parar, desengatar, engatar e mudar de marcha, em meio à confusão de um engarrafamento complicado. Ela quebrará o que houver! E vai lhe faltar combustível! E óleo! E até mesmo água, que certamente esquecerá:

— Atenção à água. Seu radiador está vazando como uma peneira.

— Ah, o carro não é novo...

— A senhora precisaria dirigir por oito dias... Como pensa conseguir?

— Não sei...

A menos de 10 quilômetros daqui, ela já terá batido em três carros, arruinado a embreagem, furado os pneus. Então, ela, a cunhada e as sete crianças começarão a chorar. Então, ela, a cunhada e as sete crianças, submetidas a problemas acima de suas forças, renunciarão a decidir o que quer que seja, e se sentarão à beira da estrada, à espera de um pastor. Mas os pastores...

Faltam... Faltam pastores, surpreendentemente! Nós assistimos, Dutertre e eu, a rebanhos de carneiros. E tais carneiros avançavam em um formidável alvoroço, como elementos mecânicos. Três mil pistões. Seis mil válvulas. Todo esse material range, raspa e bate. A água ferve em alguns radiadores. É assim que começa a andar, diligentemente, essa caravana de condenados! Essa caravana sem peças de reposição, sem pneus, sem combustível, sem mecânicos! Que loucura!

— A senhora não poderia ficar em casa?

— Ah, como gostaríamos de ficar em casa!

— Então, por que partir?

— Falaram pra gente...

— Quem?

— O prefeito...

Sempre o prefeito.

— É claro. Todos nós preferiríamos ficar em casa.

É isso mesmo. Não respiramos aqui uma atmosfera de pânico, mas uma atmosfera de missão cega. Dutertre e eu aproveitamos para inquietar alguns deles:

— Seria melhor se o senhor se livrasse de tudo isso. Ao menos, poderia beber a água de suas fontes...

— Tenho certeza de que seria melhor.

— Mas são livres para fazê-lo!

Ganhamos a partida. Um grupo se formou. Começaram a nos ouvir. Balançam a cabeça, em sinal de aprovação.

— ...o capitão tem razão!

Alguns discípulos repetem o que digo. Converti um local, que se mostra mais fervoroso que eu:

— Eu vivia dizendo isso! Ao chegar na estrada, vamos comer o asfalto.

Eles conversam entre si. Estão de acordo. Vão ficar. Alguns se afastam para convencer os outros. Mas eis que voltam, desencorajados:

— Não vai dar certo. Somos obrigados a partir também.

— Por quê?

— O padeiro foi embora. Quem vai fazer o pão?

A cidade já debandou. Desistiram aqui e ali. Todos vão para o mesmo buraco. Não há esperanças.

Dutertre dá sua opinião:

— O verdadeiro drama é que nos fizeram acreditar que a guerra era anormal. Antigamente, permaneciam em casa. A guerra e a vida se misturavam...

A dona do café reaparece. Ela arrasta um saco.

— Vamos decolar em 45 minutos... A senhora teria um pouco de café?

— Ah, meus pobrezinhos...

Ela enxuga os olhos. Ah, ela não chora por nós. Muito menos por si mesma. Chora de esgotamento. Ela já se sente devorada pela decadência de uma caravana que, a cada quilômetro, se degradará um pouco mais.

Mais longe, na casualidade do interior, de tempos em tempos, caças inimigos voando baixo cuspirão uma rajada de metralhadoras sobre essa lamentável manada. O mais surpreendente, no entanto, é que, normalmente, eles não perseveram. Alguns carros ardem, mas são poucos. E há poucos mortos. É uma espécie de luxo, algo como um aviso. Ou o gesto de um cão que morde a canela para acelerar o rebanho. Nesse caso, para semear a desordem. Mas, então, por que essas ações locais, esporádicas, quase sem efeito? O inimigo não se esforça muito para destroçar a caravana. É verdade que ela não precisa do inimigo para ruir. A máquina se destrói. A máquina se destrói espontaneamente. Ela é concebida para uma sociedade pacata, calma, que dispõe de todo o tempo do mundo. A máquina, quando o homem não está mais à disposição para remendá-la, regulá-la e lubrificá-la, envelhece em um ritmo vertiginoso. Esses carros, à noite, parecerão ter milhares de anos.

Parece-me que eu testemunho a agonia da máquina.

Aquele ali açoita seu cavalo com a majestade de um rei. Parece estar em um trono, satisfeito, em seu banco. Aliás, suponho que tenha tomado algo:

— O senhor parece contente!

— É o fim do mundo!

Sinto um silencioso mal-estar ao pensar que todos esses trabalhadores, todas essas pessoas do povo, com funções tão bem definidas, qualidades tão diversas e tão preciosas, não passarão de parasitas e vermes, ainda nesta noite.

Eles vão se espalhar pelos campos e ser devorados.

— Quem vai lhes dar de comer?

— Não sabemos...

Como abastecer os milhões de emigrantes perdidos ao longo das estradas, nas quais se anda de 5 a 20 quilômetros diários? Se houvesse abastecimento, seria impossível transportá-lo!

Essa mistura de humanidade e de sucata traz-me à lembrança o deserto da Líbia. Nós morávamos, Prévot e eu, em uma paisagem inabitável, coberta por pedras escuras que brilhavam ao sol, uma paisagem revestida por uma casca de ferro...

E considero esse espetáculo com uma espécie de desespero: uma nuvem de gafanhotos que cai no asfalto vive por muito tempo?

— E vocês vão esperar que chova para beber algo?

— Não sabemos...

Por dez dias, sua cidadezinha, começou a ser atravessada, continuamente, por refugiados da região Norte. Eles assistiram, durante os dez dias, àquele incansável êxodo. Chegou a vez deles. Tomam, agora, seu lugar na procissão. Ah, sem confiança nenhuma:

— Eu preferiria morrer na minha casa.

— Todos nós preferiríamos morrer em casa.

E é isso mesmo. Todo o vilarejo desmorona como um castelo de areia, ao passo que ninguém queria partir.

Se a França possuísse reservas, o transporte dessas reservas seria completamente impedido pelo engarrafamento das estradas. A rigor, poderia-se – mesmo com os carros quebrados e os carros colados uns atrás dos outros –, nas conexões emaranhadas dos cruzamentos, acompanhar o fluxo, mas como trazê-las de volta?

— Não há nenhuma reserva, — informa-me Dutertre — o que resolve tudo...

Há rumores de que, desde ontem, o governo proibiu as evacuações dos vilarejos. Mas sabe Deus como se propagam as ordens, pois, nas estradas, não há mais como circular. Quanto às linhas telefônicas, estão congestionadas, cortadas ou sob suspeita. E não se trata mais de dar ordens. Trata-se de reinventar uma moral. Há milhares de anos ensina-se aos homens que as mulheres e crianças devem ser poupadas da guerra. A guerra só interessa aos homens. Os prefeitos conhecem bem essa lei, assim como seus vices e os professores. De repente, eles recebem a ordem de proibir as evacuações, isto é, de obrigar as mulheres e crianças a permanecer sob os bombardeios. Seria preciso um mês para que reajustassem sua consciência a esses novos tempos. Não se inverte de uma hora para a outra toda uma maneira de pensar. No entanto, o inimigo avança. E os prefeitos, seus vices e os professores soltam esse povo na grande estrada. O que é preciso fazer? Onde está a verdade? E lá se vão os carneiros sem pastor.

— Não há um médico aqui?

— O senhor não é do vilarejo?

— Não. Nós viemos de mais ao norte.

— Para que um médico?

— Minha mulher está prestes a dar à luz na carroça...

Entre os utensílios de cozinha, no deserto daquela sucata universal, como sobre um monte de espinhos.

— O senhor não tinha como prever isso?

— Faz quatro dias que estamos na estrada.

Pois a estrada é um rio imperioso. Onde parar? Os vilarejos – que ele varre do mapa, um após o outro – esvaziam-se de si mesmos, como se desaguassem, um por vez, no esgoto comum.

— Não, não há médico. O do esquadrão está a 20 quilômetros daqui.

— Ah, é?

O homem enxuga o rosto. Tudo se deteriora. Sua mulher dá à luz no meio da rua, entre utensílios de cozinha. Nada disso é cruel. É, antes de tudo, monstruosamente alheio ao que é humano. Ninguém lamenta, os lamentos não fazem mais sentido. A mulher dele vai morrer, ele não lamenta. E assim é. Trata-se de um sonho ruim.

— Se, ao menos, pudéssemos parar em algum lugar...

Achar, em um lugar qualquer, um vilarejo de verdade, uma pousada de verdade, um hospital de verdade... Mas também evacuam os hospitais, sabe Deus o porquê! É uma regra do jogo. Não há tempo de reinventar as regras. Achar, em um lugar qualquer, uma morte de verdade! Mas não há mais mortes de verdade. Há corpos que deterioram, como os automóveis.

E sinto, em todo lugar, uma urgência exasperante, uma urgência que renunciou a qualquer urgência. Foge-se à razão de 5 quilômetros diários de tanques que avançam através dos campos, a uma razão de 100 quilômetros por dia, e de aviões que se deslocam a 100 quilômetros por hora. É assim que escorre o xarope quando derrubamos sua garrafa. A mulher desse aí vai parir, mas ela dispõe de um tempo desproporcional. É urgente. E deixa de sê-lo. Estamos suspensos por um equilíbrio instável, entre a urgência e a eternidade.

Tudo se tornou lento, como os reflexos de um agonizante. Trata-se de uma imensa manada estagnada, exausta, diante do abatedouro. São 5, 10 milhões entregues ao asfalto? É um povo que patina, cansado e entediado, no limiar da eternidade.

E, de verdade, não consigo conceber como eles vão se virar para sobreviver. O homem não pode se nutrir com galhos de árvore. Eles mesmos se questionam, vagamente, mas praticamente não se assustam. Arrancados de seu cenário, de seu trabalho, de seus deveres, eles perderam qualquer sentido. Sua própria identidade está desgastada. Resta pouco deles mesmos. Muito pouco de sua existência. Mais tarde, criarão outros sofrimentos para si, mas, agora, sofrem, sobretudo, de dores na lombar, mortificados pelo excesso de pacotes a carregar, pelo excesso de nós que se romperam ao deixarem que suas trouxas esvaziassem suas tripas, pelo excesso de carros a empurrar, para dar-lhes partida.

Nenhuma palavra sobre a derrota. Isso é evidente. Não há necessidade de comentar sobre algo que constitui seu próprio cerne. Eles "são" a derrota.

Tenho a visão súbita, aguda, de uma França que perde suas entranhas. Seria preciso suturá-la logo. Não há um segundo a perder: eles estão condenados...

Começou. Eis que já estão asfixiados, como peixes fora d'água:

— Não há leite aqui?

Uma questão de morrer de rir!

— Meu menor não toma nada desde ontem...

Trata-se de um lactente de 6 meses de idade, que ainda faz muito barulho. Mas esse barulho não há de durar: os peixes, fora d'água... Não há nenhum leite aqui. Aqui, só há sucata. Aqui, há apenas uma sucata enorme e inútil, que, ruindo a cada quilômetro, perdendo porcas, parafusos, chapas, carrega esse povo, em um êxodo completamente inútil, em direção ao nada.

Corre o boato de que os aviões estão metralhando a estrada, alguns quilômetros ao sul. Falam, inclusive, de bombas. De fato, escutamos algumas explosões surdas. Os rumores são, sem dúvida, verdadeiros.

Mas a multidão não para. Parece-me até um pouco revigorada. Esse risco concreto soa-lhes mais benéfico do que ser engolido pela sucata.

Ah, o esquema que criarão mais tarde os historiadores! Os gráficos que eles inventarão para dar um sentido a essa porcaria! Tomarão a palavra de um ministro, a decisão de um general, a discussão de uma comissão, e farão, desse cortejo de fantasmas, colóquios históricos com responsabilidades e pontos de vista remotos. Inventarão percepções, resistências, apelos duvidosos, covardias. Sei muito bem o que é um ministério abandonado. O acaso me permitiu visitar um ou dois deles. Rapidamente entendi que um governo, uma vez que tenha mudado de lugar, não constitui mais um governo. É como um corpo. Se começarmos a mudá-lo também – o estômago para cá, o fígado para lá, as tripas, acolá – essa coleção deixa de ser um organismo. Vivi 20 minutos no Ministério da Aeronáutica. Pois bem, um ministro exerce uma ação sobre seu oficial! Uma ação miraculosa. Porque um fio de campainha ainda liga o ministro ao oficial. Um fio de campainha intacto. O ministro aperta um botão, e o oficial aparece.

    Isso já é um êxito.

    — Meu carro — pede o ministro.

    Sua autoridade para aí. Ele ordena o exercício ao oficial. Mas o oficial ignora haver sobre a terra um automóvel de ministro. Nenhum fio elétrico liga o oficial a um chofer de automóvel. O chofer está perdido em algum lugar do universo. O que aqueles que governam podem conhecer da guerra? Hoje em dia, dada a impossibilidade de fazer ligações, mesmo para nós seriam necessários oito dias para iniciar uma missão de bombardeio sobre uma divisão blindada que encontrássemos. Que rumores pode um governo receber desse país que se eviscera? As notícias avançam à razão de 20 quilômetros diários. Os telefones estão congestionados ou quebrados, e não são capazes de transmitir, com sua real densidade, o Ser que, nesse instante, se decompõe. O governo está mergulhado no vazio; um vazio polar. De tempos em tempos, chegam-lhe mensagens de uma urgência desesperadora, mas abstratos, reduzidos a três linhas. Como os responsáveis poderiam saber se 10 milhões de franceses já morreram de fome? E essa mensagem de 10 milhões de homens cabe em uma frase. Basta uma frase para dizer:

    — Reunião às 4 horas na casa de X.

Ou:

    — Dizem que 10 milhões de homens morreram.

Ou:

    — Blois está em chamas.

Ou:

    — Encontramos seu chofer.

    Tudo isso no mesmo plano. De uma só vez. Dez milhões de homens. O carro. O exército da região Leste. A civilização ocidental. Encontramos o chofer. A Inglaterra. O pão. Que horas são?

    Tome aqui sete letras. São sete letras tiradas da *Bíblia*. Reconstitua a *Bíblia* para mim com elas!

Os historiadores se esquecerão da realidade. Inventarão seres pensantes, ligados, por misteriosas fibras, a um universo compreensível, dispondo de sólidas visões de conjunto e considerando graves decisões de acordo com as quatro regras da lógica cartesiana. Eles vão distinguir as potências do bem das potências do mal. Os heróis dos traidores. Mas eu farei uma pergunta simples:

— Para trair, é preciso ser responsável por alguma coisa, administrar alguma coisa, agir sobre alguma coisa, conhecer alguma coisa. Hoje em dia, é dar provas de seu talento. Por que os traidores não são condecorados?

A paz já se mostra um pouco por toda parte. Não é uma paz bem delineada, que sucede – como uma nova etapa da História – as guerras, claramente concluídas por um tratado. Trata-se de um período sem nome, que é o fim de todas as coisas. Um fim que não acabará mais de findar. Trata-se de um pântano em que, pouco a pouco, afunda qualquer impulso. Não se sente a aproximação de uma conclusão boa ou má. Muito pelo contrário. Entra-se, pouco a pouco, na podridão de algo temporário que se parece com a eternidade. Nada se concluirá, pois não há mais um nó pelo qual se pode segurar o país, como se seguraria uma mulher que se afoga pelos cabelos. Tudo se desfaz. E mesmo o esforço mais patético só é capaz de trazer à superfície uma mecha de cabelo. A paz que advém não é fruto de uma decisão tomada pelo homem. Ela se espalha como a lepra.

Logo ali, abaixo de mim, nessas estradas em que a caravana começa a ruir, em que os blindados alemães matam ou dão de beber, tudo se parece com aqueles territórios turvos onde terra e água se confundem. A paz, que já começa a se misturar à guerra, putrefaz o combate.

Um de meus amigos, Léon Werth, ouviu na estrada uma grande revelação, que ele tratará de expor em um grande livro. À esquerda da estrada estão os alemães; à direita, os franceses. Entre os dois, o lento turbilhão do êxodo. Centenas de mulheres e de crianças que se soltam, como podem, de seus veículos em chamas. E, como um tenente de artilharia, preso sem querer no meio do engarrafamento, tenta colocar na bateria um canhão – contra o qual o inimigo atira e erra, destruindo, por sua vez, a estrada –, algumas mães vão até ele, que, ensopado de suor, obstinado por seu incompreensível dever, tenta salvar uma posição que não resistirá nem mesmo 20 minutos (há ali apenas 12 homens!):

— Sumam daqui! Sumam daqui! Vocês são uns covardes!

O tenente e os homens vão embora. Por todo lugar, deparam com esses problemas de paz. Certamente, é preciso que as crianças não sejam massacradas na estrada. Ora, cada soldado que atira deve atirar nas costas de uma criança. Cada caminhão que avança, ou tenta avançar, arrisca condenar um povo. Pois, ao avançar contra a corrente, inevitavelmente, congestiona uma estrada inteira.

— Vocês são loucos! Deixem-nos passar! As crianças estão morrendo!

— Nós fazemos a guerra...

— Que guerra? Onde vocês fazem a guerra? Em três dias, nesta direção, vocês avançarão apenas 6 quilômetros!

Trata-se de alguns soldados perdidos em seu caminhão, em marcha para uma reunião que, já faz algumas horas, sem dúvida nenhuma, não tem mais propósito. Mas eles estão mergulhados em seu dever elementar.

— Nós fazemos a guerra.

— ...fariam melhor se nos abrigassem! É desumano!

Uma criança berra.

— E aquela ali...

Aquela não grita mais. Não há leite, não há gritos...

— Nós fazemos a guerra...

Eles repetem sua fórmula, com uma estupidez desesperada.

— Mas vocês jamais encontrarão essa guerra! Vão perecer aqui conosco!

— Nós fazemos a guerra...

Eles nem sabem mais muito bem o que dizem. Não sabem mais muito bem se fazem a guerra. Nunca chegaram a ver o inimigo.

Andam de caminhão na direção de alvos mais efêmeros que miragens. Não encontram nem sequer essa paz deteriorada.

Como a desordem misturou-se a tudo, eles descem de seu caminhão. São cercados:

— Vocês têm água?

Eles compartilham, então, sua água.

— Pão?

Dividem seu pão.

— Vão deixá-la morrer?

Em um carro quebrado em uma vala, há uma mulher gemendo.

Tiram-na de lá e enfiam-na no caminhão.

— E essa criança?

Metem também a criança no caminhão.

— E aquela ali, que vai dar à luz?

Metem-na no caminhão.

Depois aquela outra, já que está chorando.

Depois de uma hora de esforços, desatolam o caminhão. Viram-no para o sul. Ele seguirá, como um único bloco nômade, arrastado pela torrente de civis. Os soldados se converteram à paz. Porque não encontraram a guerra.

Porque a musculatura da guerra é invisível. Porque o golpe dado é recebido por uma criança. Porque, no centro da guerra, alvejam-se mulheres em trabalho de parto. Porque é tão inútil tentar comunicar uma informação ou receber uma ordem quanto iniciar uma discussão com a estrela Sírio. Não há mais exército. Só restaram homens.

E eles se converteram à paz. Tornaram-se, pela força dos acontecimentos, mecânicos, médicos, guardadores de rebanhos, padioleiros. Eles consertam os carros dos pobres coitados que não sabem cuidar de sua sucata. E esses soldados ignoram, em meio ao esforço empreendido, se são heróis ou se vão ser sujeitos ao conselho de guerra. Não se surpreenderão tanto assim se forem condecorados. Muito menos se forem alinhados contra uma parede, com 12 balas no crânio. Nem se forem desmobilizados. Nada os surpreende. Eles já ultrapassaram, há muito tempo, os limites da surpresa.

Há um imenso caos, em que nenhuma ordem, nenhum movimento, nenhuma notícia, nenhuma onda do que quer que seja possa se propagar por mais de 3 quilômetros. E, assim como os vilarejos escorrem, um após o outro, para o esgoto comum, esses caminhões militares são absorvidos pela paz, convertem-se à paz, um a um. Esses punhados de homens, que poderiam muito bem aceitar a morte – mesmo que o problema da morte não tenha se colocado diante deles –, aceitam os deveres que encontram e consertam essa padiola feita com um velho carrinho de mão, no qual três religiosas amontoaram sabe lá Deus por que tipo de peregrinação, para sabe lá Deus que refúgio de conto de fadas, 12 crianças ameaçadas de morte.

Assim como Alias, ao recolocar no coldre seu revólver, não vou julgar os soldados que desertam. Que tipo de fôlego os reanimaria? De onde vem a onda que os atingiria? Onde está o semblante que os uniria? Eles não conhecem nada do resto do mundo, a não ser por esses rumores sempre insanos que, semeados na estrada a cada 3 ou 4 quilômetros, sob a forma de hipóteses perversas, tomaram o caráter de verdade, propagando-se, lentamente, por esses 3 quilômetros de caos: "Os Estados Unidos entraram na guerra. O papa se suicidou. Os aviões russos incendiaram Berlim. O armistício foi assinado há três dias. Hitler desembarcou na Inglaterra".

Não há pastor para as mulheres e crianças, tampouco para os homens. O general aborda seu ajudante. O ministro aborda seu oficial. E, talvez, ele possa, com toda a sua eloquência, transfigurá-lo. Alias aborda suas equipes. E ele é capaz de obter delas o sacrifício de sua vida. O sargento do caminhão militar aborda os 12 homens que dependem dele. Mas é-lhe impossível ligar-se ao que quer que seja. Suponhamos que um chefe genial, miraculosamente capaz de observar todo o conjunto, conceba um plano suscetível de nos salvar: esse chefe só vai dispor, para comunicá-lo, de apenas um fio de campainha, de 20 metros. E, como massa de manobra para chegar à vitória, só vai dispor do oficial – se é que ainda subsiste um oficial na outra extremidade do fio.

Quando se vão ao acaso das estradas esses soldados espalhados que fazem parte das unidades deslocadas, esses homens, que são meramente empregados da guerra, não mostram o desespero típico que ostenta o patriota vencido. Eles desejam, de forma confusa, a paz, apenas isso. Mas a paz, a seus olhos, representa, simplesmente, o fim dessa inominável bagunça e o retorno a uma identidade, por mais humilde que ela seja. Um antigo sapateiro sonha em martelar pregos. Martelando tais pregos, ele criava o mundo.

E, se eles seguem adiante, é por causa da incoerência generalizada que os separa uns dos outros, e não pelo horror da morte. Eles não têm horror de nada; estão vazios.

XVII

Há uma lei fundamental: não há como transformar, de uma hora para a outra, vencidos em vencedores. Quando se fala de um exército que recua inicialmente, e depois resiste, trata-se apenas de um recurso de linguagem, pois as tropas que recuaram e as que agora combatem não são as mesmas. O exército que recuava não era mais um exército. Não que aqueles homens fossem indignos de vencer, mas um recuo destrói quaisquer laços, materiais e espirituais, que uniam os homens. Essa somatória de soldados que se permite retroceder é substituída por novos reservas, que ainda têm um caráter de organismo. São eles que bloqueiam o inimigo. Quanto aos foragidos, são isolados para que sejam, uma vez mais, moldados no formato de exército. Se não houver reservas para alocar na ação, o primeiro recuo é irreparável.

Apenas a vitória une. A derrota não apenas divide os homens, mas também os separa deles mesmos. Se os foragidos não choram pela França que desmorona, é porque já foram vencidos. É porque a França está derrotada, não ao seu redor, mas dentro deles mesmos. Chorar pela França já faria deles vencedores.

A quase todos, tanto aos que resistem quanto aos que não resistem mais, o rosto da França vencida só se mostrará mais tarde, nas horas de silêncio. Hoje, cada um se desgasta com um detalhe vulgar, que se revolta ou se degrada, com um caminhão quebrado, uma estrada engarrafada, uma válvula de gás que emperra, o absurdo de uma missão. O sinal de desmoronamento é que a missão se mostre absurda. É que se mostre absurdo o próprio ato a que se opõe tal desmoronamento. Pois tudo se separa de si mesmo. Não choramos pelo desastre universal, mas pelo objeto pelo qual somos responsáveis – única coisa concreta – e que se arruína. A França que desmorona não passa de uma torrente de pedaços em que nenhum deles mostra o rosto; nem essa missão, nem esse caminhão, nem essa estrada, nem essa porcaria de válvula de gás.

É certo que uma derrocada seja um espetáculo triste. Nela, os homens baixos se mostram baixos. Os saqueadores se revelam saqueadores. As instituições se degradam. As tropas, fartas de descontentamento e de cansaço, decompõem-se no absurdo. Uma derrota causa todos esses efeitos, assim como a peste causa pústulas. Mas, se, por acaso, um caminhão atropela aquela que você amava, você vai criticar sua feiura?

Essa aparência de culpados que se presta às vítimas nada mais é que a injustiça da derrota. Como a derrota mostraria os sacrifícios, as austeridades no dever, os rigores pessoais, as vigílias que o Deus que decide a sorte dos combates não levou em conta? Como ela mostraria o amor? A derrota mostra os chefes sem poder, os homens confusos, as multidões passivas. Sempre houve uma carência real, mas ela mesma, o que significa? Bastava correr a notícia de uma reviravolta russa ou de uma intervenção americana para transfigurar os homens. Para uni-los em uma esperança comum. Todas as vezes, um rumor desses purificava tudo, como uma ventania no mar. Não se deve julgar a França pelos efeitos do desmoronamento.

É preciso julgar a França pelo seu consentimento do sacrifício. A França aceitou a guerra, contra a verdade dos especialistas em lógica. Eles nos diziam: "Há 80 milhões de alemães. Não podemos fazer, em um ano, os 40 milhões de franceses que nos faltam. Não podemos mudar nossa terra de trigo para terra de carvão.

Não podemos esperar o auxílio dos Estados Unidos. Por que os alemães, exigindo Danzig de volta, nos imporiam o dever – não de salvar Danzig, mas de nos suicidarmos para evitar a vergonha? Que vergonha há em possuir uma terra que dá mais trigo que máquinas, em ser um contra dois? Por que a vergonha pesaria sobre nós, e não sobre o mundo?". Eles tinham razão. A guerra, para nós, era sinal de desastre. Mas seria preciso que a França, para poupar-se de uma derrota, recusasse a guerra? Acredito que não. A França, por instinto, pensava assim, já que esses avisos não a demoveram dessa guerra. O Espírito, em nosso país, dominou a Inteligência.

A vida sempre acaba com as fórmulas. A derrota pode revelar-se o único caminho para a ressurreição, apesar de sua feiura. Sei muito bem que, para criar a árvore, a semente é condenada a apodrecer. Se o primeiro ato de resistência aparecer tarde demais, ele sempre será perdedor. Mas trata-se do despertar da resistência. Uma árvore, talvez, saia dela como de uma semente.

A França desempenhou seu papel. Ele consistia em lançar-se ao esmagamento, já que o mundo arbitrava sem colaborar nem combater, e em ver-se sepultada por um tempo no silêncio. Quando se dá o ataque, deve necessariamente haver homens à frente. Estes, quase sempre, morrem. Mas é preciso, para que aconteça o ataque, que os primeiros morram.

É esse papel que prevaleceu, já que aceitamos, sem nenhuma ilusão, opor um soldado a três, e nossos agricultores a operários! Eu me recuso a ser julgado pelas feiuras da derrota! Aquele que aceita ser queimado em voo será julgado por seus abcessos? Ele também ficará feio.

XVIII

Nada impede que essa guerra, além do senso espiritual que a tornava necessária para nós, tenha nos aparecido, na prática, como uma guerra estranha. Essa palavra nunca me envergonhou. Mal havíamos declarado guerra, começamos a esperar, por estarmos sem condições de atacar, e já queriam nos aniquilar!

Feito.

Dispúnhamos de feixes de trigo para vencer tanques. Os feixes de trigo não valeram de nada. E, hoje, a ruína está consumada. Não há mais exército, nem reservas, nem ligações, nem material.

Enquanto isso, prossigo meu voo com uma seriedade imperturbável. Mergulho na direção do exército alemão, a 800 quilômetros por hora e a 3,5 mil rotações por minuto. Por quê? Ora, para surpreendê-lo! Para que ele evacue o território! Já que as informações que querem de nós são inúteis, essa missão não pode ter outro objetivo.

Guerra estranha.

Aliás, estou exagerando. Perdi muita altitude. Os comandos e as alavancas descongelaram. Retomei minha velocidade normal nos pedais. Mergulho na direção do exército alemão, a apenas 530 quilômetros por hora e a 2,2 mil rotações por minuto. Que pena. Vou assustá-los muito menos.

Vão nos recriminar por ter chamado essa guerra de guerra estranha!

Somos nós que chamamos essa guerra de "estranha"! Seria pior achá-la divertida. Temos o direito de brincar como nos aprouver, pois todos os sacrifícios são por nossa conta. Tenho o direito de brincar com a minha morte, se a brincadeira me faz feliz. Dutertre também. Tenho o direito de saborear os paradoxos. Pois por que esses vilarejos continuam a queimar? Por que essa população continua jogada aos montes nas estradas? Por que mergulhamos, com uma convicção inabalável, na direção de um abatedouro certo?

Tenho todos os direitos, pois, nesse segundo, sei bem o que estou fazendo. Aceito a morte. Não é o risco que estou aceitando. Não é o combate. É a morte. Aprendi uma grande verdade. A guerra não é a anuência do risco. Não é a anuência do combate. É, em alguns instantes, para o combatente, a pura e simples anuência da morte.

Nesses dias, quando a opinião estrangeira julgava nossos sacrifícios insuficientes, eu me perguntei, olhando as equipes partir e se aniquilar: "Ao que nos oferecemos, quem está nos pagando mesmo?".

Pois nós morremos. Pois 150 mil franceses foram mortos em 15 dias. Talvez esses mortos não ilustrem uma resistência extraordinária. Eu não celebro uma resistência extraordinária. Ela é impossível. Mas há contingentes de infantaria que se deixam massacrar em uma fazenda indefensável. Há esquadrões de aviação que derretem como cera jogada no fogo.

E nós, do Esquadrão 2/33, por que ainda aceitamos morrer? Por estimar o mundo? Mas a estima implica na existência de um juiz. Quem, entre nós, atribui a quem quer que seja o direito de julgar? Nós lutamos em nome de uma causa que estimamos ser uma causa comum. A liberdade, não somente da França, mas do mundo, está em jogo: consideramos confortável demais a posição de árbitro. Somos nós que julgamos os árbitros. Aqueles que pertencem a meu Esquadrão 2/33 julgam os árbitros. Que não nos venham dizer – a nós, que partimos sem dizer nada, com uma chance em três de retornar (quando a missão é fácil), nem aos dos outros esquadrões, nem àquele amigo que teve o rosto desfigurado pela explosão de um cartucho, renunciando assim, para sempre, à possibilidade de conquistar uma mulher, privado de um direito fundamental tanto quanto fica-se privado atrás dos muros de uma prisão, abrigado em sua feiura, abrigado em sua virtude, atrás das muralhas de sua feiura –, que não nos venham dizer que os espectadores nos julgam! Os toureiros vivem para os espectadores, e nós não somos toureiros. Se dissessem ao tenente Hochedé: "Você tem de partir porque as testemunhas estão observando-o", Hochedé responderia: "Não. Sou eu, Hochedé, que observo as testemunhas...".

Pois, afinal, por que ainda continuamos a lutar? Pela Democracia? Se morremos pela Democracia, somos solidários às Democracias. Então, que elas lutem conosco! Mas a mais poderosa, a que poderia, sozinha, nos salvar, recusou-se a fazê-lo ontem, e continua a recusar-se hoje. Muito bem. É seu direito. Mas, então, ela nos dá a entender que lutamos por nossos próprios interesses. Ora, sabemos muito bem que tudo está perdido. Então, por que ainda morremos?

Por desespero? Mas não há desespero! Vocês não sabem nada de uma derrota se esperam descobrir desespero nela.

Há uma verdade muito maior que as declarações da inteligência. Algo passa através de nós e nos governa, algo que já sinto sem ter apreendido até então. Uma árvore não tem linguagem. Nós viemos de uma árvore. Há verdades que são evidentes, ainda que impossíveis de formular. Não morro para opor-me à invasão, pois não há nenhum abrigo em que eu possa me esconder com aqueles que amo. Não morro para salvar uma honra que eu nego estar em jogo; recuso os juízes. Tampouco morro por desespero. Nesse meio-tempo, Dutertre, que consulta o mapa, tendo calculado que Arrás fica ali, em algum lugar a 175 graus, me dirá, pressinto, em menos de 30 segundos:

— Vire a 175 graus, meu capitão...

E eu aceitarei.

XIX

— Cento e setenta e dois.

— Entendido. Cento e setenta e dois.

Cento e setenta e dois, então. Epitáfio: "Manteve corretamente 172 graus na bússola". Por quanto tempo esse desafio bizarro se sustentará? Navego a 750 metros de altitude, sob um teto de nuvens carregadas. Se eu subisse 30 metros, Dutertre ficaria cego. É preciso continuar bem visíveis e, assim, oferecer ao tiro alemão um alvo para esses amadores. Setecentos metros é uma altitude proibida. Servimos de mira a toda uma planície. Atraímos os tiros de todo um exército. Somos acessíveis a todos os calibres. Permanecemos uma eternidade no campo de tiro de cada uma das armas. Não são mais tiros, são dinamites. É como se desafiássemos mil bananas de dinamite a abater uma noz.

Estudei muito bem a questão: os paraquedas estão fora de cogitação. Quando o avião avariado mergulhar em direção ao solo, a abertura do canopi de escape demorará mais segundos do que a duração da queda. Essa abertura exige sete voltas de uma manivela resistente. Para piorar, em plena velocidade, o canopi se deforma e não desliza mais.

E assim é. Um dia, eu teria de engolir esse remédio! O cerimonial não é complicado: manter os 172 graus na bússola. Fiz mal em ter envelhecido. É isso. Era tão feliz na infância! Mesmo afirmando tal coisa, é mesmo verdade? Eu já entrava no meu vestíbulo a 172 graus. Por causa dos meus tios.

É agora que a infância se torna doce. Não apenas a infância, mas toda a vida que passou. Eu a vejo em sua perspectiva, como um campo...

E pareço ser uno. O que sinto é o que sempre soube. Sem dúvida nenhuma, minhas alegrias ou tristezas mudaram de foco, mas os sentimentos continuam os mesmos. Assim, era feliz ou infeliz. Castigado ou perdoado. Estudava direitinho. Ou não. Tudo dependia do dia...

Minha lembrança mais antiga? Eu tinha uma babá tirolesa que se chamava Paula. Mas isso nem é uma lembrança: é a lembrança de uma lembrança. Paula, quando eu tinha 5 anos, no meu vestíbulo, já não passava de uma lenda. Durante anos, minha mãe nos disse, na época do ano-novo: "Chegou uma carta da Paula!". Era uma grande alegria para nós, as crianças. No entanto, por que ficávamos felizes? Nenhum de nós se lembrava de Paula. Ela havia retornado ao seu Tirol. Portanto, à sua casa tirolesa. Uma espécie de chalé, igual aos dos barômetros, perdido na neve. E Paula aparecia à porta, nos dias de sol, como em todos os barômetros parecidos com chalés.

— A Paula é bonita?

— Deslumbrante.

— O tempo é sempre ensolarado no Tirol?

— Sempre.

Sempre fazia sol no Tirol. O "chalé-barômetro" levara Paula para muito longe, lá fora, no seu gramado de neve. Quando aprendi a escrever, me obrigaram a escrever cartas a Paula. Eu lhe dizia: "Minha cara Paula, estou muito contente em lhe escrever...". Era um pouco como as orações, já que eu não as conhecia...

— Cento e setenta e quatro.

— Entendido. Cento e setenta e quatro.

Cento e setenta e quatro, então. Será preciso mudar o epitáfio. É curioso como, de repente, a vida se unificou. Fiz minhas bagagens de lembranças. Elas nunca servirão para nada. Nem para ninguém. Guardo a lembrança de um grande amor. Minha mãe nos dizia: "A Paula pede que lhes dê um beijo, a todos...". E minha mãe nos beijava, por Paula.

— A Paula sabe que eu cresci?

— É claro que sabe.

Paula sabia tudo.

— Meu capitão, estão atirando.

Paula, estão atirando em mim! Dou uma olhada no altímetro: 650 metros. As nuvens estão a 700 metros. Muito bem. Não posso fazer nada. Mas, sob a minha nuvem, o mundo não é tão escuro quanto eu pressentia: ele é azul. Maravilhosamente azul. É a hora do crepúsculo, e a planície está azul. Em alguns lugares, chove. Azul de chuva...

— Cento e sessenta e oito.

— Entendido. Cento e sessenta e oito.

Cento e sessenta e oito graus, então. É muito tortuoso o caminho para a eternidade... Mas como esse caminho me parece tranquilo! O mundo se assemelha a um pomar. Há poucos instantes, ele se mostrava com a aridez de um esquema. Tudo me parecia desumano. Mas estou voando baixo, em uma espécie de intimidade. Há árvores isoladas ou agrupadas em pequenos blocos. Nós os encontramos. E campos verdes. E casas de telhas vermelhas com alguém diante da porta. E, no entorno, belos temporais azuis. Paula, com esse clima, sem dúvida nos faria entrar logo em casa...

— Cento e setenta e cinco.

Meu epitáfio perdeu muito de sua rude nobreza: "Manteve 172, 174, 178, 175 graus...". Pareço ser muito volúvel. Essa, agora! Meu motor começa a falhar! Está esfriando. Então, eu fecho os flapes do capô. Muito bem. Como é hora de abrir o reservatório suplementar, puxo a alavanca. Não estou esquecendo nada? Dou uma olhada na pressão do óleo. Tudo em ordem.

— Está começando a fechar o tempo, meu capitão...

Está ouvindo, Paula? O tempo está começando a fechar. No entanto, não consigo deixar de me surpreender com esse azul da noite. É tão extraordinário! Essa cor é tão profunda. E essas árvores frutíferas, ameixeiras talvez, que desfilam diante de mim. Adentrei essa paisagem. Acabaram as vitrines! Sou um assaltante que pulou o muro. Ando a grandes passos sobre uma alfafa molhada e roubo ameixas. Paula, é uma guerra estranha. É uma guerra melancólica e completamente azul. Eu divaguei um pouco. Encontrei esse estranho país ao envelhecer... Ah, não, não tenho medo. É um pouco triste, só isso.

— Em zigue-zagues, capitão!

Essa é uma brincadeira nova, Paula! Pisa-se à direita, pisa-se à esquerda, e desviamos do tiro. Quando eu caía, sempre fazia um calombo. E você, sem dúvida, me curava com suas compressas de arnica. Vou precisar realmente de arnica. Você sabe, mesmo assim... É maravilhoso o azul da noite!

Vi, lá na frente, três rajadas divergentes. Três longas hastes verticais e brilhantes. Trilhas de balas luminosas, ou de bombas luminosas de pequeno calibre. Ficou tudo dourado. De repente vi, no azul da noite, jorrar o brilho desse candelabro de três hastes...

— Capitão! Estão atirando muito forte à esquerda! Incline!

É hora de pisar.

— Ah, está piorando...

Talvez...

Está piorando, mas eu estou no meio de tudo. Disponho de todas as minhas lembranças, de todos os estoques que fiz e de todos os meus amores. Disponho da minha infância, que se perde na noite como uma raiz. Comecei a vida na melancolia de uma lembrança... Tudo piora, mas eu não reconheço nada em mim do que pensava sentir diante desses arranhões de estrelas cadentes.

Estou numa região que me toca o coração. É o fim do dia. Há grandes planos de luz, entre os temporais, à esquerda, formando ladrilhos de vitrais. Quase posso tatear, a dois passos de mim, todas as coisas que são boas. Vejo ameixeiras carregadas. Essa terra com cheiro de terra. Deve ser bom andar pelas terras úmidas. Você sabia, Paula, que avanço lentamente, balançando à direita e à esquerda, como uma carroça de feno? Você acha que um avião é rápido... É claro, se pensar bem! Mas, se você esquece a máquina, se olha ao redor, você simplesmente está passeando pelos campos.

— Arrás...

Sim. Muito longe diante de nós. Mas Arrás não é uma cidade. Arrás é apenas uma mecha vermelha sobre o fundo azul da noite. Sobre o fundo do temporal. Pois, decididamente, à esquerda e em frente, é uma famosa semente que se prepara. O crepúsculo não explica essa meia-luz. São necessários maciços de nuvens para filtrar uma luz tão sombria...

A chama de Arrás aumentou. Não é uma chama de incêndio. Um incêndio se espalha como um tumor com uma simples borda de carne viva ao redor. Mas essa mecha vermelha, alimentada permanentemente, é a de um lampião que fumega um pouco. É uma chama sem ansiedade, certa de que durará, bem protegida por seu estoque de óleo. Eu a sinto moldada em uma carne compacta, quase opressiva, que o vento move, às vezes, como teria inclinado uma árvore. Eis, então... Uma árvore. Essa árvore tomou Arrás no emaranhado de suas raízes. E todos os sulcos de Arrás, todos os estoques de Arrás, todos os tesouros de Arrás sobem, carregados de seiva, para nutrir a árvore.

Vejo essa chama, às vezes pesada demais, perder o equilíbrio, à direita ou à esquerda, cuspir uma fumaça mais escura e reconstruir-se uma vez mais. Mas continuo a não distinguir a cidade. Toda a guerra se resume a esse clarão. Dutertre disse que está piorando. Ele observa, na frente, melhor que eu. Não impede que eu seja surpreendido antes por uma espécie de indulgência; essa planície venenosa ostenta poucas estrelas.

Sim, mas...

Você bem sabe, Paula, que, nos contos de fadas da infância, o cavaleiro andava, em meio a terríveis provações, na direção de um castelo misterioso e encantado. Ele escalava geleiras. Atravessava precipícios, desarmava armadilhas. Por fim, o castelo lhe aparecia, no coração de uma planície azul, macia ao galope, como um gramado. Ele já acreditava ter vencido... Ah, Paula, não se desfaz uma velha experiência de contos de fadas! Era sempre isso o mais difícil...

Foi assim que corri até meu castelo de fogo, no azul da noite, como no passado... Você foi embora cedo demais para conhecer nossas brincadeiras, você perdeu o "cavaleiro Aklin". Era uma brincadeira que inventamos, pois desprezávamos as brincadeiras dos outros. Devia ser jogado nos dias de grande temporal, quando, depois dos primeiros raios, sentíamos, devido ao cheiro das coisas e no brusco tremular das folhas, que a nuvem estava prestes a descarregar. Então, a espessura dos galhos se transformava, por um instante, em uma espuma ruidosa e leve. Era o sinal... Nada mais podia nos segurar!

Corríamos do outro lado do parque, em direção à casa, ao longo dos gramados, até perder o fôlego. As primeiras gotas do temporal são pesadas e esparsas. O primeiro atingido admitia a derrota. Depois, o segundo. Depois, o terceiro. Depois, os outros. O último sobrevivente revelava-se, assim, o protegido dos deuses, o invulnerável! Tinha o direito, até o próximo temporal, de ser chamado de "cavaleiro Aklin".

Era, toda vez, por alguns segundos, uma hecatombe de crianças...

Continuo a brincar de cavaleiro Aklin. Vou correndo, lentamente, na direção do meu castelo de fogo, até perder o fôlego...

Mas eis que:

— Ah! Capitão. Nunca tinha visto isso...

Também nunca tinha visto aquilo. Não estou mais invulnerável. Ah! Eu não sabia que ainda tinha esperanças...

XX

Apesar dos 700 metros, eu tinha esperança. Apesar dos blindados locados, apesar da chama de Arrás, eu tinha esperança. Esperava, desesperadamente. Retornava, na minha memória, até a infância, para reencontrar a sensação de uma proteção soberana. Não há proteção para os homens. Uma vez homens, deixam-nos ir... Mas quem pode o que quer que seja contra o menininho cuja mão a onipotente Paula segura firme? Paula, usei sua sombra como escudo...

Usei todos os truques. Quando Dutertre me disse: "Está piorando...", usei a própria ameaça para manter as esperanças. Estávamos em guerra: era preciso que a guerra se mostrasse. Ela se reduzia, ao se mostrar, a alguns rastros de luz. "É esse, então, o famoso perigo de morte sobre Arrás? Não me façam rir..."

O condenado fizera do carrasco a imagem de um robô lívido. Apresenta-se um bravo homem qualquer, que sabe espirrar e até mesmo sorrir. O condenado apega-se ao sorriso como a um caminho rumo à libertação... Nada mais é que um caminho fantasma. O carrasco, ainda que espirre, cortará sua cabeça. Mas como recusar a esperança?

Como não teria me enganado sobre certa acolhida, já que tudo se apresentava tão íntimo e campestre, já que os pavimentos e as telhas molhadas brilhavam tão delicadamente, já que nada mudava de um minuto para outro, nem parecia precisar mudar? Já que não passávamos, Dutertre, o artilheiro e eu, de três andarilhos através dos campos, que voltam, lentamente, sem precisar levantar o colarinho, pois, na verdade, quase não chovia. Já que, no coração das linhas alemãs, nada se revelava que merecesse realmente ser contado, e não havia absolutamente razão para que, mais adiante, a guerra fosse diferente. Já que o inimigo parecia ter se dispersado e fundido na imensidão dos campos, à razão de, talvez, um soldado por casa, talvez de um soldado por árvore, dentre os quais um, de tempos em tempos, lembrando-se da guerra, atirava. Tinham-lhe reiterado a ordem: "Você tem de atirar nos aviões...". A ordem misturava-se ao sonho. Ele soltava suas três balas, sem acreditar muito naquilo tudo. Cacei patos assim, à noite, bastando-me que o passeio fosse minimamente prazeroso. Eu atirava neles falando de outras coisas; quase não os incomodava...

Vê-se, aqui, o que se queria ver: esse soldado mira em mim, mas sem convicção, e erra. Os outros deixam-me ir. Os que estão em condições de nos passar rasteiras talvez respirem, nesse instante, com prazer, o odor da noite, ou acendam cigarros, ou terminem uma brincadeira – e deixam-me ir. Outros, nesse vilarejo onde se amontoaram, estendem suas marmitas para a sopa. Um trovão desperta e morre. É amigo ou inimigo? Eles não têm tempo de saber, vigiam as marmitas, que se enchem; deixam-me ir. E eu tento atravessar, com as mãos nos bolsos, assobiando, o mais naturalmente que consigo, nesse jardim que está interditado aos andarilhos, mas em que cada guarda – contando com o seguinte – deixa-me ir...

Estou tão vulnerável! Minha própria fraqueza é uma armadilha para eles: "Para que se preocupar? Vão me abater um pouco mais longe...". É óbvio! "Que se dane...!" Eles passam a responsabilidade para os outros, para não perder sua vez na sopa, para não interromper uma brincadeira, ou pelo simples prazer do vento noturno. Aproveito-me, assim, de sua negligência, tiro minha salvação desse minuto em que a guerra os cansa a todos, todos juntos, como por acaso – e por que não? E já conto, vagamente, com que, de homem em homem, de esquadrão em esquadrão, de vilarejo em vilarejo, eu também termine, na minha vez. Afinal, somos apenas um avião passando, à noite... O que nem mesmo lhes faz levantar a cabeça!

É claro que eu contava retornar. Mas, ao mesmo tempo, eu sabia que aconteceria alguma coisa. Estamos condenados ao castigo, mas a prisão que nos encerra ainda continua muda. Nós nos agarramos a esse silêncio. Cada segundo parece-se com o precedente. Não há nenhuma razão para que os que estão a ponto de morrer transformem o mundo. O trabalho é pesado demais para que haja qualquer razão. Cada segundo, um após o outro, salva o silêncio. O silêncio já parece eterno...

Mas o passo daquele que sabemos que vai retornar faz-se ouvir.

Alguma coisa na paisagem acaba de se romper. Assim, a lenha que parecia apagada subitamente estala e solta uma profusão de faíscas. Por qual mistério toda essa planície reagiu no mesmo instante? As árvores, quando chega a primavera, soltam suas sementes. Por que essa repentina primavera de armas? Por que esse dilúvio luminoso, que sobe em nossa direção e que se mostra, de uma só vez, universal?

A primeira sensação que experimento é de ter sido imprudente. Estraguei tudo. Às vezes, basta um piscar de olhos quando o equilíbrio é muito precário! Um alpinista tosse e desencadeia uma avalanche. E, agora que a desencadeou, tudo se concluiu.

Caminhamos pesadamente nesse pântano azul, já mergulhado na noite. Remexemos esse lodo tranquilo, e eis que, em nossa direção, ele solta bolhas douradas, às dezenas de milhares.

Uma trupe de malabaristas acaba de entrar na dança. Uma trupe de malabaristas dispara contra nós seus projéteis, às dezenas de milhares. Seus projéteis, por falta de variação angular, parecem-nos, de início, imóveis, mas, assim como bolas de gude que a arte do malabarismo não projeta, mas solta, eles começam, lentamente, sua ascensão. Vejo lágrimas de luz correndo na minha direção, em meio a um óleo de silêncio. Típico silêncio que envolve a prática dos malabaristas.

Cada rajada de metralhadora ou de canhão de tiro rápido cospe, às centenas, bombas ou balas fosforescentes, que se sucedem como contas de um rosário. Mil rosários elásticos esticam-se até nós, até o rompimento, estourando à nossa altitude.

Com efeito, vistos de lado, os projéteis que não nos acertaram mostram, em sua passagem tangencial, uma velocidade vertiginosa. As lágrimas transformam-se em faíscas. E, então, descubro-me mergulhado em uma colheita de trajetórias que têm a cor dos feixes de trigo. Torno-me o centro de um espesso arbusto de lanças. Vejo-me ameaçado por um desconhecido e vertiginoso trabalho de agulhas. Toda a planície se ligou a mim e tece, ao meu redor, uma rede fulgurante de linhas de ouro.

Ah! Quando me inclino para a terra, descubro patamares de bolhas luminosas, que sobem com a lentidão de véus de névoa. Descubro esse lento turbilhão de sementes; assim voa a casca do trigo que abatemos! Mas, se olho na horizontal, só restam feixes de lanças! Tiros? Não! Sou atacado com arma branca! Só vejo espadas de luz! Sinto-me... Não há perigo! Fico deslumbrado com a suntuosidade em que estou mergulhado!

— Ah!

Descolei cerca de 20 centímetros do meu assento. Houve como um golpe de aríete no avião. E ele quebrou, pulverizou... Não... Não... Sinto que ele ainda obedece aos comandos. Foi apenas o primeiro golpe de uma torrente de golpes. No entanto, não vi nenhuma explosão. A fumaça dos estouros se confunde, sem dúvida nenhuma, com o solo escuro: levanto a cabeça e olho.

Esse espetáculo não tem apelo.

XXI

Inclinado sobre a terra, eu não tinha percebido o espaço vazio que, aos poucos, se expandia entre as nuvens e eu. Os rastros jorravam uma luz de trigo; como eu poderia saber que, no cume de sua ascensão, elas disseminavam, uma a uma, aquelas substâncias obscuras, como se martelassem pregos? Percebo-as já acumuladas, em pirâmides vertiginosas, que se espalham para trás com a lentidão de camadas de gelo. Na escala de tais perspectivas, tenho a sensação de estar imóvel.

Sei bem que essas construções, assim que terminarem de se erguer, já terão gastado o seu poder. Cada um desses flocos só dispôs de um centésimo de segundo do direito à vida ou à morte. Mas me cercaram sem que eu percebesse. Sua aparição pesou, subitamente, sobre minha nuca, o peso de uma condenação formidável.

Essa sucessão de explosões abafadas, cujo som é coberto pelo ronco dos motores, impõe-me a ilusão de um silêncio extraordinário. Não sinto nada. O vazio da espera toma conta de mim, como se houvesse uma decisão a tomar.

Penso... Enquanto isso, penso: "Estão atirando alto demais!", e viro a cabeça, quase sem querer, para ver uma revoada de águias batendo em retirada. Elas desistiram. Não há nada a esperar.

As armas que não nos acertaram reajustam seus tiros. As muralhas de estouros erguem-se, novamente, em nosso patamar. Cada núcleo de fogo, em alguns segundos, levanta sua pirâmide de explosões, que logo cede, extinta, para ir se levantar em outro lugar. O tiro não nos persegue: ele nos enclausura.

— Dutertre, ainda está longe?

— ...se conseguíssemos aguentar mais três minutos, tudo acabaria... Mas...

— Talvez consigamos passar...

— Jamais!

Esse escuro acinzentado é sinistro, parecendo com manadas espalhadas sem nenhuma ordem. A planície era azul. Imensamente azul. Azul-marinho...

Que sobrevida posso esperar? Dez segundos? Vinte segundos? O estremecimento das explosões já me esgotou permanentemente. As que estão próximas parecem-se, do avião, com pedras despejadas em uma caçamba. Depois disso, o avião inteiro faz um barulho quase musical. Estranho suspiro... Mas são apenas tiros perdidos. Como um trovão. Quanto mais próximo, mais simples. Alguns choques são primários; mas a explosão nos marcou com seus estouros. A fera não derruba o boi quando o mata. Crava suas garras na vertical, sem planar. Apodera-se do boi. Assim, os tiros certeiros, simplesmente, penetram no avião, como em um músculo.

— Ferido?

— Não!

— Ei, artilheiro, ferido?

— Não!

Mas esses choques, que é preciso descrever bem, não contam. Eles acertam um casco, um tambor. Em vez de furar os reservatórios, poderiam muito bem ter aberto nosso ventre. Mas o próprio ventre não passa de um tambor. Dane-se o corpo! Não é ele que conta... E isso é extraordinário!

Tenho duas palavras a dizer sobre o corpo. Mas, na vida cotidiana, ficamos cegos às evidências. É preciso, para que se mostre a evidência, a urgência de tais condições. É preciso essa chuva de luzes ascendentes, é preciso esse ataque de golpes de lanças, é preciso, enfim, que seja preparado esse tribunal para o juízo final. Então, compreendemos.

Eu não me perguntava, enquanto me vestia: "Como se apresentarão os últimos instantes?". A vida sempre desmentiu os fantasmas que eu inventava. Mas se tratava, dessa vez, de andar nu sob o surto de punhos imbecis, sem nem mesmo um dobrar de cotovelos para proteger o rosto.

O suplício, eu o tinha na minha própria carne. Eu o imaginava em minha carne. O ponto de vista que eu adotava era necessariamente o do meu próprio corpo. Cuidamos tanto de nosso corpo! Nós o vestimos, lavamos, tratamos, barbeamos, saciamos e nutrimos com tanto afinco. Nós nos identificamos com um animal doméstico. Nós o levamos ao alfaiate, ao médico, ao cirurgião. Sofremos com ele. Gritamos com ele. Amamos com ele. Falamos dele: esse sou eu. E eis que, de repente, essa ilusão cai por terra. Zombamos do corpo! Nós o relegamos a um nível de servidão. Basta que a cólera se avive um pouco, que o amor se exalte, que o ódio se arrefeça, e, então, a famosa solidariedade se rompe.

Seu filho está preso no incêndio? Você há de salvá-lo! Não podemos detê-lo! Você está queimando! Não vai se importar. Você deixará esses farrapos de carne como garantia a quem os quiser. E descobre que não reconhecia aquilo que lhe tinha tanto valor. Seria capaz de vender, se fosse um obstáculo, seu ombro, para dar-se ao luxo de usá-lo para se defender! Você habita seus próprios feitos. Você é seus próprios feitos. Você não se encontra mais em outro lugar! Seu corpo é seu, e não você. Vai atacar? Ninguém vai dominá-lo ameaçando-o em seu corpo. Você? É a morte do inimigo. Você? É o resgate do seu filho. Você é moeda de troca. E não sente nenhuma perda na troca. Seus membros? Apenas ferramentas. Pouco nos importamos com uma ferramenta que quebra quando estamos trabalhando. E você é trocado pela morte do seu rival, pelo resgate do seu filho, pela cura do seu doente, pela sua descoberta, se for um inventor! Um colega do esquadrão está mortalmente ferido. A citação traz: "Disse a seu observador: estou perdido. Fuja! Salve os documentos!...". Apenas importa a salvaguarda dos documentos, ou da criança, ou a cura do doente, a morte do rival, a descoberta! Seu significado mostra-se ofuscante. É seu dever, seu ódio, seu amor, sua fidelidade, sua invenção. Você não encontra mais nada em si mesmo.

O fogo não arrancou apenas a carne, mas, com o mesmo golpe, o culto da carne. O homem não se interessa mais por si. Somente impõe-se a ele aquilo que ele já é. Se ele morre, não se despedaça: se confunde. Ele não se perde: se encontra. Isso não é o desejo de um moralista. É uma verdade usual, uma verdade de todos os dias, apenas uma ilusão diária, coberta por uma máscara impenetrável. Como eu poderia prever, ao me vestir, temendo pelo meu corpo, que estava me preocupando com bobagens? É somente no instante de entregar esse corpo que todos, sempre, descobrem, estupefatos, quão pouco fazem questão do corpo. Mas, certamente, durante a minha vida, quando nada de urgente me governa, quando minha identidade não está em jogo, não concebo problemas mais graves que aqueles do meu corpo.

Meu corpo, pouco me importo com você! Fui expulso para fora de você, não tenho mais esperança e não sinto falta de nada! Eu renego tudo o que eu era até este segundo. Não era eu que pensava, nem eu que sentia. Era meu corpo. De uma forma ou de outra, tive de arrastá-lo até aqui, e descubro que ele não tem mais nenhuma importância.

Aprendi, aos 15 anos, minha primeira lição: um irmão mais novo que eu estava desenganado havia alguns dias. Certa manhã, por volta das 4 horas, sua enfermeira me acorda:

— Seu irmão mandou chamá-lo.

— Ele está se sentindo mal?

Ela não diz nada. Visto-me depressa e vou ver meu irmão.

Ele me fala, com a voz de sempre:

— Queria falar com você antes de morrer. Vou morrer.

Uma crise nervosa faz com que ele enrijeça e se cale. Durante a crise, ele faz "não" com a mão. E eu não compreendo o gesto. Imagino que a criança recuse a morte. Mas, retomada a calma, ele me explica:

— Não se assuste... Não estou sofrendo. Não sinto nenhuma dor. Mas não consigo evitar. É o meu corpo.

Seu corpo, território estrangeiro, já outro.

Mas ele deseja ser sério, esse meu irmão caçula que expirará em 20 minutos. Sente a necessidade premente de delegar sua herança. Ele me diz: "Eu queria fazer meu testamento...". Enrubesce, está orgulhoso, é claro, de agir como homem. Se fosse um construtor de torres, me confiaria sua torre para que eu a construísse. Se fosse pai, me confiaria seus filhos para criar. Se fosse piloto de avião de guerra, me confiaria seus documentos de bordo. Mas ele é só uma criança. Só me confia um motor a vapor, uma bicicleta e uma carabina.

Nós não morremos. Imaginávamos temer a morte: tememos o inesperado, a explosão, tememos a nós mesmos. A morte? Não. Não há mais morte quando a encontramos. Meu irmão me disse: "Não se esqueça de escrever tudo isso...". Quando o corpo se desfaz, o essencial transparece. O homem não passa de um laço de relações. Só as relações contam para o homem.

O corpo, cavalo velho, nós o abandonamos. Quem imagina a si mesmo na morte? Ainda não encontrei ninguém que o tenha feito...

— Capitão?

— O quê?

— Formidável!

— Artilheiro...

— Hein... Sim...

— Qual...

Faltou minha pergunta, com o choque.

— Dutertre!

— ...capitão...

— Atingido?

— Não.

— Artilheiro...

— Sim?

— Tudo...

É como se eu tivesse atingido um muro de bronze. Ouço:

— Ai, ai, ai!

Levanto a cabeça para o céu, para medir a distância das nuvens. Evidentemente, quanto mais na diagonal observo, mais os flocos negros parecem empilhados uns sobre os outros. Na vertical, eles parecem menos densos. É por isso que descubro, engastado acima de nossa fronte, uma monumental coroa de ramos negros.

Os músculos das coxas são de uma potência surpreendente. Subitamente, jogo o peso, com toda a força, no balancim, como se tentasse derrubar uma parede. Lancei o avião na diagonal. Ele desliza, violentamente, para a esquerda, com vibrações que causariam um rompimento. A tal coroa escorrega para a direita. Eu a fiz balançar acima de minha cabeça. Surpreendi o tiro, que acerta outro lugar. Vejo acumularem-se, à direita, inúteis coleções de explosões. Mas, antes que começasse, com a outra coxa, o movimento contrário, a coroa já se reposicionara acima de mim. Foram os que estão no solo que o fizeram. O avião, grunhindo, afunda de novo no atoleiro. Mas todo o peso do meu corpo esmagou, uma segunda vez, o balancim. Virei o avião para o lado contrário, ou, mais precisamente, uma derrapagem contrária (ao diabo as curvas corretas!), e a coroa deslizou para a esquerda.

Durar? Esse jogo não pode durar! Por mais que pise com pés de gigante, a torrente de lanças se recompõe, ali, diante de mim. A coroa se restabelece. Os choques recomeçam no meu ventre. E, se eu olhar para baixo, vejo mais uma vez, comigo ao centro, aquela ascensão de bolhas com uma vertiginosa lentidão. É inconcebível que ainda estejamos inteiros. E, no entanto, descubro-me invulnerável. Sinto-me como um vencedor! Sou, a cada segundo, um vencedor!

— Atingidos?

— Não...

Eles não foram atingidos. São invulneráveis. São vencedores. Eu sou dono de uma equipe de vencedores...

De agora em diante, nenhuma explosão parece nos ameaçar, mas nos endurecer. A cada vez, durante um décimo de segundo, imagino meu aparelho pulverizado. Mas ele ainda responde aos comandos, e eu o elevo uma vez mais, como a um cavalo, puxando com força as rédeas. Então, relaxo e sou invadido por uma alegria surda. Não tive tempo de sentir medo, a não ser por uma contração física, do tipo que um barulho enorme provoca, e já me é concedido o suspiro da libertação. Deveria sentir o tranco do choque, depois o medo, depois o relaxamento. Até parece! Não dá tempo! Sinto o tranco e, depois, o relaxamento. Tranco, relaxamento. Falta uma etapa: o medo. E não vivo a expectativa de morrer no segundo seguinte, vivo a ressureição, logo ao fim do segundo anterior. Vivo em uma espécie de rastro de alegria. Vivo na trilha do meu júbilo. E começo a sentir um prazer prodigiosamente inesperado... É como se minha vida me fosse, a cada segundo, ofertada. Como se minha vida me tornasse, a cada segundo, mais sensível. Eu vivo. Estou vivo. Ainda estou vivo. Continuo vivo. Sou, simplesmente, uma fonte de vida. A embriaguez da vida me domina. Dizem "A embriaguez do combate...", mas é a embriaguez da vida! Isso! Quem atira contra nós, lá de baixo, sabe que está nos moldando?

Reservatórios de óleo, reservatórios de gasolina, tudo furado. Dutertre disse: "Acabou! Suba!". Mais uma vez, meço com os olhos a distância que me separa das nuvens e empino. Mais uma vez, viro o avião para a esquerda e, depois, para a direita. Mais uma vez ainda, dou uma olhada na terra. Não esquecerei essa paisagem. A planície inteira crepita, em curtas mechas luminosas. Sem dúvida nenhuma, canhões de tiro rápido. A ascensão das bolhas continua no imenso aquário azulado. A chama de Arrás brilha com um tom vermelho-escuro, como o ferro sobre a bigorna, essa chama de Arrás bem instalada nas reservas subterrâneas, pela qual o suor dos homens, a invenção dos homens, a arte dos homens, as lembranças e o patrimônio dos homens, amarrando sua ascensão nessa cabeleira, transforma-se em queimada, levada pelo vento.

Começo a esbarrar nos primeiros grupamentos de nuvens. Ainda há, à nossa volta, flechas de ouro ascendentes, que perfuram por baixo o ventre da nuvem. A última imagem me é ofertada quando a nuvem já me envolve, através de um dos últimos buracos. Em um segundo, surge a chama de Arrás, iluminada pela noite como um imenso lampião a óleo. Ela serve a um culto, mas custa caro. Amanhã, terá consumido e consumado tudo. Trago meu testemunho das chamas de Arrás.

— Tudo bem, Dutertre?

— Tudo, capitão. Duzentos e quarenta. Em 20 minutos, desceremos sob a nuvem. Estaremos em algum lugar sobre o Sena...

— Tudo bem, artilheiro?

— Hein... Sim... Meu capitão... Tudo bem.

— Não sentiu muito calor?

— Hein... Não... Sim.

Ele não sabe nada. Está contente. Penso no artilheiro de Gavoille. Certa noite, sobre o rio Reno, 80 projéteis de guerra atingiram Gavoille com seus feixes. Construíram, à sua volta, uma gigantesca basílica. E eis que um tiro adentra o avião. Gavoille ouve, então, seu artilheiro falando sozinho, baixinho. (Os laringofones são indiscretos.) O artilheiro faz suas próprias confidências: "É isso, meu velho... É isso, meu velho... Sempre podemos fugir e acabar achando a mesma coisa como civis!...". O artilheiro estava contente.

Eu respiro com lentidão. Encho bem o peito. É maravilhoso respirar. Há um monte de coisas que vou compreender... Mas, antes, penso em Alias. Não. Penso primeiro naquele fazendeiro. Perguntarei, então, acerca do número de instrumentos... Ah! O que você quer? Penso em uma sucessão de coisas. Cento e três. A propósito... Os medidores de combustível, as pressões do óleo... Quando os reservatórios estão furados, é bom prestar atenção nesses instrumentos!

Eu cuido disso. Os revestimentos de borracha aguentam o tranco. Isso é um aperfeiçoamento maravilhoso! Verifico também os giroscópios: essa nuvem é pouco habitável. Uma nuvem de tempestade. Ela nos sacode, com força.

— O senhor não acha que poderíamos descer?

— Dez minutos... Seria melhor esperarmos mais dez minutos.

Esperarei, então, mais dez minutos. Ah, sim, eu pensava em Alias. Será que ele conta com nosso retorno? Outro dia, estávamos meia hora atrasados. Meia hora, em geral, é grave... Corro para encontrar o esquadrão, que estava jantando. Empurro a porta, jogo-me em uma cadeira ao lado de Alias. Bem naquele instante, o comandante levanta seu garfo, adornado com macarrão instantâneo. Apressa-se em devorá-lo. Mas tem um sobressalto, para no mesmo instante, e me observa, com a boca aberta. O macarrão fica pendurado, imobilizado.

— Ah... Muito bem... Fico contente de vê-lo!

E engole o macarrão.

O comandante, na minha opinião, tem um defeito grave. Tem obsessão em questionar o piloto sobre os aprendizados da missão. Ele me questionará. Vai me olhar com uma paciência aterradora, esperando que eu lhe diga verdades fundamentais. Estará armado com uma folha de papel e uma caneta esferográfica, a fim de não perder uma só gota desse elixir. Isso me lembrará da minha juventude: "Como o senhor integra, candidato Saint-Exupéry, as equações de Bernoulli?".

— Hein...

Bernoulli... Bernoulli... E ficamos ali, imóveis, sob aquele olhar, como um inseto com o corpo transpassado por um alfinete.

Cabe a Dutertre os aprendizados da missão. Ele observa na vertical, Dutertre. Ele vê um monte de coisas. Caminhões, balsas, tanques, soldados, canhões, cavalos, estações, trens nas estações, chefes de estação. Eu observo muito na diagonal. Vejo nuvens, o mar, rios, montanhas, o sol. Observo muito amplamente. Tenho uma ideia do conjunto.

— O senhor sabe, meu comandante, que o piloto...
— Vejamos! Vejamos! Sempre se percebe algo.
— Eu... Ah! Incêndios! Vi incêndios. Bastante interessante...
— Não. Queima tudo. O que mais?

Por que Alias é tão cruel?

XXII

Dessa vez, será que ele vai me questionar?

O que relato da minha missão não pode ser escrito em um relatório. Vai "me dar branco", como em um colegial diante da lousa. Parecerei muito infeliz e, ao mesmo tempo, não estarei infeliz. Acabou-se o infortúnio... Ele se foi quando as primeiras balas brilharam. Se eu tivesse dado meia-volta um segundo antes, teria ignorado tudo a meu respeito.

Teria ignorado a bela ternura que me vem ao coração. Retorno aos meus. Retorno. Dou a impressão de uma dona de casa que, ao terminar as compras, pega o caminho de casa e medita sobre os pratos com que alegrará os seus. Ela balança, da direita à esquerda, o cesto de mantimentos. De tempos em tempos, levanta o jornal que o recobre: está tudo ali. Não se esqueceu de nada. Ela sorri com a surpresa que prepara, e perambula um pouco. Dá uma olhada nas vitrines.

Eu daria, com prazer, uma olhada nas vitrines, se Dutertre não me obrigasse a habitar essa prisão esbranquiçada. Assistiria ao desfile dos campos. É verdade que é melhor esperar mais um pouco: essa paisagem está envenenada. Tudo nela conspira. Mesmo os castelinhos do interior – com seus gramados um pouco ridículos e suas dúzias de árvores podadas que parecem estojos de joias ingênuos de moças inocentes – não passam de armadilhas de guerra. Voando baixo, em vez de sinais de amizade, colhemos explosões de torpedos.

 Apesar do ventre da nuvem, continuo a voltar da feira. Tinha razão, a voz do comandante: "Vocês irão até a esquina da primeira rua à direita e me comprarão fósforos...". Minha consciência está em paz. Estou com os fósforos no bolso. Ou, mais precisamente, estão no bolso do meu colega Dutertre. Como ele faz para se lembrar de tudo o que viu? Isso é com ele. Eu me preocupo com as coisas sérias. Depois da aterrissagem, se formos poupados do caos de uma nova mudança, vou desafiar Lacordaire, e vou ganhar dele no xadrez! Ele detesta perder. Eu também. Mas eu vou ganhar.

 Ontem, Lacordaire estava bêbado. Pelo menos um pouco; não gostaria de insultá-lo. Ele se embebedara para se consolar. Tendo esquecido, ao retornar de um voo, de acionar seu trem de pouso, pousara o avião de barriga. O comandante Alias, presente naquele instante, infelizmente, havia analisado o avião com melancolia, mas não abrira a boca. Estou revendo Lacordaire, um piloto experiente. Ele ficou esperando a bronca de Alias. Tinha esperança na bronca de Alias. Uma bronca violenta teria lhe feito bem. A explosão lhe permitiria explodir também. Ele partiria, retrucando, aliviado de sua raiva. Mas Alias sacudia a cabeça. Alias pensava no avião; pouco se importava com Lacordaire. Esse acidente era, para o comandante, apenas uma desgraça anônima, uma espécie de imposto estatístico. Tratava-se apenas de uma dessas distrações estúpidas que surpreendem os pilotos mais experientes. Fora injustamente infligida a Lacordaire. Lacordaire estava isento, tirando-se esse erro de hoje, de qualquer imperfeição profissional. É por isso que Alias, interessando-se apenas pela vítima, solicitou, da forma mais mecânica do mundo, a opinião do próprio Lacordaire sobre os estragos. E eu senti subir, a um só impulso, a raiva contida em Lacordaire. Você põe a mão, gentilmente, no ombro do seu torturador e diz: "Esta pobre vítima... Puxa... Como ela deve estar sofrendo...". Aquela mão terna, que solicita sua simpatia, enfurece o torturador. Ele olha para a vítima com um olhar enraivecido. Arrepende-se de não ter acabado com ela.

É isso. Volto para casa. O Esquadrão 2/33 é a minha casa. E compreendo os de casa. Não me engano sobre Lacordaire. Lacordaire não pode se enganar sobre mim. Sinto essa comunidade com um sentimento de extraordinária evidência: "Nós, do Esquadrão 2/33". Puxa! Pois, então, os materiais que estavam quebrados já estão sendo consertados...

Penso em Gavoille e em Hochedé. Sinto esse senso de comunidade que me liga a Gavoille e a Hochedé. Pergunto-me sobre Gavoille: qual é a sua origem? Ele parece ter uma bela identidade ligada à terra. Uma lembrança boa me volta, perfumando-me, subitamente, o coração. Gavoille, quando estávamos posicionados em Orconte, morava, como eu, em uma fazenda. Certo dia, ele me disse:

— A fazendeira matou um porco. Ela nos convida a comer chouriço.

Éramos três: Israel, Gavoille e eu, mastigando a bela casca preta e crocante. A camponesa nos serviu um vinhozinho branco. Gavoille me disse: "Eu comprei isto para lhe fazer um agrado. Você precisa autografá-lo". Era um dos meus livros. Não senti nenhum constrangimento. Assinei, com prazer, para agradá-la. Israel enchia seu cachimbo, Gavoille coçava a coxa, a camponesa parecia bem contente em herdar um livro autografado pelo autor. O chouriço perfumava tudo. Fiquei um pouco bêbado com o vinho branco, e não me sentia deslocado, ainda que tivesse autografado um livro, o que sempre me pareceu um pouco ridículo. Não me sentia rejeitado. Eu não tomara o papel, apesar desse livro, nem de autor nem de espectador. Não vinha de fora. Israel, gentilmente, me olhava escrever a dedicatória. Gavoille, com simplicidade, continuava a coçar sua coxa. E eu sentia por eles uma espécie de reconhecimento silencioso. Aquele livro poderia ter me dado a aparência de um testemunho abstrato. No entanto, eu não tomara o papel, apesar do livro, nem de intelectual nem de testemunha. Era um deles.

Sempre tive horror do ofício de testemunha. O que sou eu, se não participo? Preciso, para ser, participar. Nutro-me da qualidade dos colegas, essa qualidade que ignora a si mesma, porque pouco se importa consigo, e não por humildade. Gavoille não se enaltece, nem Israel. Eles são redes de ligações com seu trabalho, seu ofício, seu dever. Com esse chouriço fumegando. E embriago-me com a densidade da presença deles. Posso me calar. Posso beber meu vinhozinho branco. Posso até autografar esse livro sem me apartar deles. Nada estragará essa fraternidade.

Não se trata, aqui, para mim, de denegrir os processos da inteligência, nem as vitórias da consciência. Admiro as inteligências límpidas. Mas o que é um homem, se lhe falta a essência? Se ele é apenas um olhar, e não um ser? Encontro a essência em Gavoille ou em Israel. Como a encontrava em Guillaumet.

As vantagens que posso tirar da atividade de escritor – essa liberdade, por exemplo, de que poderia, talvez, dispor, e que me permitiria, se minha missão no Esquadrão 2/33 me desagradasse, me deslocar para outras funções –, eu as rejeito com repulsa. Não passa da liberdade de não ser. Cada obrigação nos transforma.

Quase morremos na França por causa da inteligência sem essência. Gavoille é. Ele ama, detesta, alegra-se, resmunga. Ele é formado por relações. E, assim como saboreio, diante dele, esse chouriço crocante, saboreio as obrigações do ofício que nos funde juntos em um tronco comum. Gosto do Esquadrão 2/33. Não como um espectador que descobre um belo espetáculo. Gosto do Esquadrão 2/33 porque pertenço a ele; ele me alimenta, e eu contribuo para alimentá-lo.

E, agora que voltei de Arrás, pertenço a meu esquadrão mais do que nunca. Adquiri um laço a mais. Reforcei em mim esse sentimento de comunidade, que se saboreia em silêncio. Talvez Israel e Gavoille tenham corrido riscos maiores que os meus. Israel desapareceu. Mas eu também não deveria ter voltado desse passeio de hoje. Isso me dá um pouco mais o direito de sentar-me à mesa e ficar em silêncio com eles. Esse direito é comprado muito caro. Mas vale muito: é o direito de "ser". Por isso, autografei o livro sem constrangimento... Ele não estragava nada.

E eis que fico corado com a ideia de gaguejar daqui a pouco, quando o comandante me questionar. Terei vergonha de mim. O comandante pensará que sou um pouco estúpido. Se essas histórias de livro não me incomodam, é porque, mesmo se eu criasse uma biblioteca inteira, essas referências não me livrariam da vergonha que me ameaça. Essa vergonha que não pertence aos jogos que estou jogando. Não sou o cético que se dá ao luxo de entregar-se às emoções. Não sou o citadino que brinca, nas férias, de camponês. Fui procurar, mais uma vez, a prova de minha boa-fé em Arrás. Empreguei minha própria carne nessa aventura. Toda a minha carne. E empreguei-a como um perdedor. Dei tudo o que pude a essas regras do jogo. Para que fossem mais que regras do jogo. Adquiri o direito de me sentir envergonhado, em breve, quando o comandante me questionar. Ou seja, de participar. De estar ligado. De comungar. De receber e dar. De ser mais que eu mesmo. De chegar a essa plenitude que me preenche com toda a força. De sentir o amor que sinto por meus colegas, esse amor que não é um ímpeto vindo de fora, que não busca se exprimir – nunca – a não ser, no entanto, na hora dos jantares de despedida. Estamos, então, um pouco bêbados, e a benevolência do álcool faz com que nos debrucemos sobre os convivas, como uma árvore cheia de frutos a oferecer. Meu amor pelo esquadrão não precisa ser enunciado. Ele só se compõe de laços. É minha própria essência. Sou do esquadrão. E isso é tudo.

Quando penso no esquadrão, não consigo deixar de pensar em Hochedé. Eu poderia exaltar sua coragem de guerra, mas me sentiria ridículo. Não se trata de coragem: Hochedé fez à guerra uma doação total. Provavelmente, melhor do que todos nós. Hochedé está, permanentemente, em um estado que eu dificilmente conquistaria. Eu praguejava enquanto me vestia. Hochedé não praguejo. Hochedé já chegou aonde chegaremos um dia. Aonde eu queria chegar.

Hochedé é um ex-suboficial promovido, recentemente, a subtenente. Sem dúvida, ele dispõe de uma cultura medíocre. Ele não saberia esclarecer nada a respeito de si mesmo. Mas está construído, terminado. A palavra dever, quando se trata de Hochedé, perde toda a redundância. Gostaríamos muito de suportar o dever como Hochedé o faz. Diante de Hochedé, eu me recrimino por todas as minhas renúncias, minhas negligências, minhas preguiças e, acima de tudo, se for o caso, meus ceticismos. Não é um sinal de virtude, mas de inveja bem esclarecida. Queria existir tanto quanto Hochedé existe. Uma árvore é bela, bem fincada sobre suas raízes. A constância de Hochedé é bela. Hochedé não conseguiria decepcionar.

Por isso, não vou contar nada das missões de guerra de Hochedé. Voluntário? Somos todos voluntários, sempre, voluntários para todas as missões. Mas apenas pela obscura necessidade de crer em nós mesmos. Então, nós nos superamos um pouco. Hochedé é naturalmente voluntário... Ele "é" essa guerra. É algo tão natural que, se houver uma equipe a sacrificar, o comandante logo pensa em Hochedé: "Diga-me uma coisa, Hochedé...". Hochedé está imerso na guerra como um monge em sua religião. Por que ele combate? Ele combate por si mesmo. Hochedé confunde-se com uma certa essência que deve ser salva, e que reside em seu próprio significado. Nesse estágio, a vida e a morte fundem-se um pouco. Hochedé já se fundiu. Talvez sem saber, ele praticamente não teme a morte. Durar, fazer durar... Para Hochedé, morrer e viver se conciliam.

O que primeiro me deslumbrou a respeito dele foi sua angústia quando Gavoille tentou pegar seu cronômetro emprestado, para medir as velocidades na base.

— Meu tenente... Não... Isso me perturba.

— Não seja estúpido! É para um ajuste de 10 minutos!

— Meu tenente... Há um cronômetro no almoxarifado do esquadrão.

— Sim. Mas faz seis semanas que está travado em 2 horas e 7!

— Meu tenente... Não se empresta um cronômetro... Não sou obrigado a emprestar meu cronômetro... O senhor não pode me exigir isso!

A disciplina militar e o respeito à hierarquia podem solicitar de um Hochedé – que havia pouco era atingido em chamas e que, por milagre, sobreviveu – que ele se instale em um outro avião, para uma outra missão, que, dessa vez, será perigosa... Mas não que ele deixe em mãos desrespeitosas um cronômetro luxuoso, que lhe custou três meses de soldo e que era guardado, todas as noites, com um cuidado completamente maternal. Vendo os homens gesticular, percebe-se que eles não entendem nada de cronômetros.

E, quando Hochedé, vencedor, com seu direito enfim restabelecido e seu cronômetro contra o peito, saiu bufando de indignação do escritório do esquadrão, eu teria abraçado Hochedé. Eu descobria os tesouros de amor de Hochedé. Ele lutará por seu cronômetro. Seu cronômetro existe. E ele morrerá por seu país. Seu país existe. Hochedé existe, e está ligado a ambos. Foi moldado por todos os seus laços com o mundo.

Por isso, gosto de Hochedé sem precisar lhe dizer nada. Como perdi Guillaumet, morto em voo – o melhor amigo que já tive – e evito falar dele. Pilotamos nas mesmas linhas, participamos das mesmas criações. Tínhamos a mesma essência. Sinto-me um pouco morto com ele. Fiz de Guillaumet um dos companheiros de meu silêncio. Sou de Guillaumet.

Sou de Guillaumet, de Gavoille, de Hochedé. Sou do Esquadrão 2/33. Sou do meu país. E todos do esquadrão são deste país...

XXIII

Mudei bastante! Nesses dias, comandante Alias, eu estava amargo. Nesses dias, enquanto a invasão blindada só encontrava o nada, as missões suicidas custaram ao Esquadrão 2/33 17 de suas 23 equipes. Nós aceitamos, e o senhor, antes de todos, bancar os mortos, pela necessidade do papel de figurantes. Ah! Comandante Alias, eu estava amargo, estava enganado!

Nós nos agarrávamos – o senhor em primeiro lugar –, ao pé da letra, a um dever cujo espírito se obscurecera. Por instinto, o senhor nos incitava não a vencer, o que era impossível, mas a nos transformar. O senhor sabia, como nós, que as informações adquiridas não seriam transmitidas a ninguém. Mas o senhor guardava ritos cujo poder estava oculto. O senhor nos questionava com seriedade, como se nossas respostas adiantassem de alguma coisa nos parques de blindados, nas balsas, nos caminhões, nas estações, nos trens das estações. O senhor chegava a me parecer estar com uma má-fé revoltante:

— Sim! Sim! Observamos muito bem na posição do piloto.

No entanto, o senhor tinha razão, comandante Alias.

Essa multidão que eu sobrevoo, tive-a em conta sobre Arrás. Eu só sou ligado àqueles a quem doo. Só entendo quem desposo. Só existo enquanto me saciam as fontes das minhas raízes. Sou parte dessa multidão. Essa multidão me pertence. A 530 quilômetros por hora e 200 metros de altitude, agora que desembarquei, sob minha nuvem, eu a desposo, à noite, como um pastor que, com uma olhadela só, conta, reúne e enlaça o rebanho. Essa multidão não é mais uma multidão: é um povo. Como eu poderia perder a esperança?

Apesar do apodrecimento da derrota, trago em mim – como se realizasse um sacramento – essa alegria grave e duradoura. Estou mergulhado na incoerência e, no entanto, sou como um vencedor. Qual é o colega que retorna de uma missão que não traz em si esse vencedor? O capitão Pénicot contou-me a respeito de seu voo dessa manhã: "Quando uma das armas automáticas parecia-me estar atirando muito de perto, eu bifurcava bem em cima dela, a toda velocidade, rente ao chão, e largava uma rajada de metralhadora, que apagava, no mesmo instante, aquela luz avermelhada, como um sopro sobre a chama de uma vela. Um décimo de segundo depois, eu passava, feito um turbilhão, sobre a equipe... Era como se a arma tivesse explodido! Eu encontrava a equipe de auxiliares espalhada, transtornada pela fuga. Tinha a impressão de estar jogando boliche". Pénicot ria, Pénicot ria magnificamente. Pénicot, o capitão vencedor!

Sei que a missão terá transfigurado até esse Gavoille artilheiro que, preso à noite na basílica construída por 80 projéteis de guerra, passou, como em um casamento de soldados, sob a abóbada das espadas.

— Pode pegar no 94.

Dutertre acaba de se localizar sobre o Sena. Eu baixei até cerca de 100 metros. A 530 quilômetros por hora, o solo carrega, em nossa direção, grandes retângulos de alfafa ou de trigo e florestas triangulares. Sinto um estranho prazer físico ao observar esse desmoronamento dos vidros que continuam a dividir minha proa. O Sena surge para mim. Quando o atravesso, na diagonal, ele se esquiva, como se rodopiasse em torno de si mesmo. O movimento me dá o mesmo prazer que tenho ao flanquear o avião. Estou bem instalado. Sou patrão, a bordo. Os reservatórios aguentam. Vou ganhar uma bebida de Pénicot, no pôquer, e, depois, vou bater Lacordaire no xadrez. Fico assim quando venço.

— Meu capitão... Estão atirando... Estamos em zona proibida...

É ele quem calcula a navegação. Eu estou isento de qualquer bronca.

— Estão atirando muito?

— Atiram como podem...

— Damos meia-volta?

— Ah, não...

Ele fala com um tom de indiferença. Nós conhecemos a torrente. O tiro antiaéreo, para nós, não passa de uma chuva de primavera.

— Sabe de uma coisa, Dutertre... É idiota deixar-se abater em casa!

— ...não abaterão nada... Isso é para exercitá-los.

Dutertre está amargo.

Eu não estou amargo. Estou feliz. Gostaria de falar com os homens da minha terra.

— Hein... Sim... Atiram como...

Puxa, esse aí está vivo! Percebo que meu artilheiro nunca manifestou sua existência espontaneamente. Ele digeriu toda a aventura sem sentir necessidade de se comunicar. A menos que tenha sido ele que pronunciara "Ai, ai, ai!" ao tiro mais forte do canhão. De todo modo, não foi um esbanjamento de confidências.

Mas se trata, aqui, de sua especialidade: a metralhadora. Quando se trata de sua especialidade, não é mais possível deter os especialistas.

Não consigo deixar de opor esses dois universos. O universo do avião e o do solo. Acabo de levar Dutertre e meu artilheiro para além dos limites permitidos. Vimos a França em chamas. Vimos o mar brilhando. Envelhecemos a grandes altitudes. Nós nos debruçamos sobre uma terra longínqua, como sobre as vitrines de um museu. Brincamos ao sol com o rastro dos caças inimigos. Depois, descemos uma vez mais. Nós nos lançamos no incêndio. Sacrificamos tudo. E, então, aprendemos mais sobre nós mesmos do que aprenderíamos em dez anos de meditação. Saímos, enfim, desse monastério de dez anos...

E eis que, sobre essa estrada que sobrevoamos para chegar a Arrás, a caravana talvez tenha avançado, quando a encontramos, 500 metros, no máximo.

No tempo que eles levarem empurrando um carro quebrado até a vala, trocando um pneu, tamborilando os dedos, imóveis ao volante, fazendo um atalho liquidar seus próprios destroços, teremos voltado à escala.

Nós saltamos completamente por cima da derrota. Somos semelhantes àqueles peregrinos que não são atormentados pelo deserto, mesmo que sofram, porque já habitam, de coração, na cidade santa.

A noite que chega estacionará essa multidão amontoada em seu estábulo de infortúnio. O rebanho se aglomera. A quem ele gritaria? Mas nós podemos correr para os colegas, e me parece que nos apressamos para uma festa. Assim, uma simples cabana iluminada ao longe transforma a mais rígida das noites de inverno em uma noite de Natal. Lá, aonde vamos, seremos acolhidos. Lá, aonde vamos, comungaremos o pão da ceia.

Basta, por hoje, de aventura; sinto-me feliz e cansado. Largarei com os mecânicos o avião enriquecido de buracos. Vou me despir de meus pesados trajes de voo e, como é tarde demais para apostar uma bebida contra Pénicot, simplesmente vou me sentar com meus colegas para o jantar...

Estamos atrasados. Os camaradas que estão atrasados não retornam mais. Estão atrasados? Tarde demais. Azar o deles! A noite joga-os na eternidade. Na hora do jantar, o esquadrão conta seus mortos.

Os desaparecidos tornam-se belos na lembrança. Nós os vestimos, para sempre, com seu mais claro sorriso. Renunciaremos a essa vantagem. Surgiremos na surdina, como anjos maus e caçadores ilegais. O comandante não engolirá seu pedaço de pão. Ele nos olhará. Talvez diga: "Ah!... Aí estão vocês...". Os colegas se calarão. Apenas nos observarão.

No passado, eu tinha pouca estima pelos adultos. Estava errado. Jamais envelhecemos. Comandante Alias! Os homens também são imaculados na hora do retorno: "Aí está você, você é um dos nossos...". E o pudor comanda o silêncio.

Comandante Alias, comandante Alias... Essa comunidade entre vocês, eu a experimentei como o fogo se apresenta a um cego. O cego se senta e estende as mãos, ele não sabe de onde vem seu prazer. De nossas missões, retornamos prontos para uma recompensa de gosto desconhecido, que não passa de simples amor.

Não reconhecemos nela o amor. O amor em que normalmente pensamos é de uma patetice mais tumultuosa. Mas se trata, aqui, do amor verdadeiro: uma rede de relações que nos transforma.

XXIV

Questionei meu fazendeiro sobre o número de instrumentos. E ele respondeu:

— Não entendo nada do seu ofício.

— Pode acreditar, os instrumentos que faltam são aqueles que nos teriam feito ganhar a guerra...

— O senhor quer cear conosco?

— Já comi.

Mas me instalaram, à força, entre a sobrinha e a fazendeira:

— Você, minha sobrinha, vá mais para lá... Dê lugar para o capitão.

E não é somente aos camaradas que descubro estar ligado. É, por meio deles, a todo o meu país. O amor, uma vez germinado, brota das raízes, que não param mais de crescer.

Meu fazendeiro distribui o pão, em silêncio. As preocupações do dia enobreceram-no de uma austera gravidade. Ele garante essa partilha, talvez pela última vez, como a prática de um culto.

E penso nos campos das cercanias que formaram a matéria desse pão. Amanhã, o inimigo vai invadi-los. Que não esperem por um tumulto de homens armados! A terra é grande. Talvez a invasão, por aqui, só se mostraria como uma sentinela solitária, perdida ao longe na imensidão dos campos, uma marca cinza nos limites dos trigais. Aparentemente, nada terá mudado, mas basta um sinal, em se tratando dos homens, para que tudo mude.

A ventania que há de circular sobre a plantação vai se parecer sempre com as ventanias sobre o mar. Mas essa ventania, se nos parece ainda mais forte, é porque recenseia, ao se expandir, um patrimônio. E assegura-se do futuro. Ela é a carícia a uma esposa, mão serena nos cabelos.

Esse trigo, amanhã, terá mudado. O trigo é muito mais que um alimento carnal. Nutrir o homem não é o mesmo que engordar o gado. O pão desempenha tantos papéis! Aprendemos a reconhecer, no pão, um instrumento da comunidade dos homens, por causa do pão que se partilha juntos. Nós aprendemos a reconhecer, no pão, a imagem da grandeza do trabalho, por causa do pão a ganhar com o suor da testa. Aprendemos a reconhecer, no pão, o veículo essencial da piedade, por causa do pão distribuído nas horas de miséria. O sabor do pão compartilhado não tem igual. Ora, todo o poder desse alimento espiritual, do pão espiritual que nascerá desse campo de trigo, está em perigo. Meu fazendeiro, amanhã, ao cortar o pão, talvez não sirva mais à mesma religião familiar. Talvez o pão, amanhã, não alimente mais a mesma luz nos olhares. O pão é como o óleo dos lampiões. Ele se transforma em luz.

Observo a sobrinha, que é muito bonita, e penso: o pão, por meio dela, se faz graça melancólica. Faz-se pudor. Faz-se doçura do silêncio. Ora, o mesmo pão, por causa de uma simples mancha cinza nos limites de um oceano de trigo, se nutrir amanhã o mesmo lampião, talvez não forme mais a mesma chama. O essencial do poder do pão terá mudado.

Lutei para preservar a qualidade de uma luz, mais ainda do que para salvar o alimento dos corpos. Lutei pelo brilho particular em que se transfigura o pão nas casas da minha terra. O que primeiro me sensibiliza, nessa jovem misteriosa, é a casca imaterial.

É não sei qual ligação entre as linhas de um rosto. É o poema lido na página – e não a página.

Ela se sentiu observada. Levantou os olhos para mim. Parece-me que sorriu para mim... Foi apenas como um sopro sobre a fragilidade das águas. Essa aparição me perturba. Sinto, misteriosamente presente, a alma particular deste lugar, não de qualquer outro. Experimento uma paz, e dela digo, a mim mesmo: "É a paz dos reinos silenciosos...".

Vi brilhar a luz do trigo.

O rosto da sobrinha se refez, suave sobre aquele fundo de mistério. A fazendeira suspira, olha ao redor e se cala. O fazendeiro, que medita sobre o dia seguinte, isola-se em sua sabedoria. Há, no silêncio de todos eles, uma riqueza interior semelhante ao patrimônio de um vilarejo – e igualmente ameaçado.

Uma estranha evidência me faz sentir-me responsável por essas provisões invisíveis. Eu deixo minha fazenda. Ando com passos lentos. Levo essa carga que me é mais doce que opressiva, como seria uma criança adormecida contra meu peito.

Eu me prometera essa conversa com meu vilarejo. Mas não tenho nada a dizer. Sou parecido com o fruto bem atado à árvore em que eu pensava, algumas horas atrás, quando a angústia se apaziguou. Sinto-me, pura e simplesmente, ligado aos da minha terra. Sou deles, como eles são meus. Quando meu fazendeiro distribuiu o pão, ele não ofereceu nada. Compartilhou e trocou. O mesmo trigo circulou dentro de nós. O fazendeiro não empobrecia. Ele enriquecia: nutria-se de um pão melhor, já que transformado no pão de uma comunidade. Quando, nessa tarde, decolei por eles em missão de guerra, também não lhes ofereci nada. Nós, do esquadrão, não lhes oferecemos nada. Somos sua parte do sacrifício de guerra. Entendo por que Hochedé faz a guerra sem grandes palavras, como um ferreiro que forja para o vilarejo. "Quem é o senhor?" "Sou o ferreiro da vila". E o ferreiro trabalha feliz.

Se, agora, tenho esperança, ao passo que eles parecem se desesperar, também não me distingo em nada deles. Sou, simplesmente, sua parte de esperança. É certo que já estamos vencidos. Tudo está em suspenso. Tudo desmorona. Mas eu continuo a sentir a tranquilidade de um vencedor. As palavras são contraditórias? Caçoo das palavras. Sou semelhante a Pénicot, Hochedé, Alias, Gavoille. Não dispomos de nenhuma linguagem para justificar nosso sentimento de vitória. Mas nos sentimos responsáveis. Ninguém pode se sentir, ao mesmo tempo, responsável e desesperado.

Derrota... Vitória... Não sei muito bem usar essas fórmulas. Há vitórias que exaltam, outras que degradam. Derrotas que assassinam, outras que despertam. A vida não é descrita por estados, mas por iniciativas. A única vitória de que não posso duvidar é a que reside no poder das sementes. Plantada a semente, ao longo das terras escuras, ei-la já vitoriosa. Mas é preciso tempo para que se assista a seu triunfo como trigo.

Não havia nada nessa manhã além de um exército desmantelado e uma multidão amontoada. Mas uma multidão amontoada, se há uma única consciência de seus laços, não está mais amontoada. As pedras do canteiro só estão amontoadas na aparência, se houver, perdido no canteiro, um homem, um único que seja, que pense na construção de uma catedral. Não me preocupo com uma lima jogada, se ela abriga uma semente. A semente a drenará para construir.

Quem chega à contemplação torna-se semente. Quem descobre uma evidência puxa todo mundo pela manga para mostrá-la. Quem inventa logo prega sua invenção. Não sei como um Hochedé vai se exprimir ou agir. Mas pouco me importa. Ele expandirá sua fé tranquila em torno de si. Entrevejo melhor o princípio das vitórias: aquele que se garante uma posição de sacristão ou de locador de cadeiras[8] na catedral construída já está vencido. Mas quem traz no coração uma catedral a construir já é vencedor. A vitória é fruto do amor. Somente o amor reconhece o rosto a moldar. Somente o amor leva ao amor. A inteligência só vale a serviço do amor.

---

8 Até o século XX, não havia bancos nas igrejas, e certas pessoas, ligadas ou não à igreja, alugavam cadeiras para que os mais abastados assistissem às missas. *Chaisier*, no original, derivado de *chaise*, cadeira, em francês. (N. do T.)

O escultor está carregado do peso de sua obra; pouco importa se ele ignora como a moldará. De toque em toque, de erro em erro, de contradição em contradição, ele caminha em linha reta, através da argila, na direção de sua criação. Nem a inteligência nem o julgamento são criadores. Se o escultor é apenas ciência e inteligência, faltará talento às suas mãos.

Nós nos enganamos tempo demais acerca do papel da inteligência. Negligenciamos a essência do homem. Acreditamos que a virtude das almas medíocres poderia auxiliar no triunfo das causas nobres, que o egoísmo hábil poderia exaltar o espírito de sacrifício, que a secura do coração poderia, pelo fôlego dos discursos, fundar a fraternidade ou o amor. Negligenciamos o Ser. A semente de cedro, de um jeito ou de outro, se tornará cedro. A semente de espinheiro se tornará espinheiro. Daqui em diante, recusarei-me a julgar o homem quanto às regras que justificam suas decisões. Nós nos enganamos muito facilmente sobre a precaução das palavras, assim como sobre a direção dos atos. Ignoro se aquele que segue em direção à sua casa vai em direção da discórdia ou do amor. Eu me perguntaria: "Que homem é ele?". Só então saberei quais as suas inclinações e aonde irá. No fim das contas, vamos sempre na direção de nossas inclinações.

O germe, obcecado pelo sol, sempre encontra seu caminho através das pedras do solo. O lógico puro, se não houver sol a puxá-lo, afoga-se na confusão dos problemas. Eu me lembrarei da lição que me deu meu próprio inimigo. Em qual direção da linha de frente devo seguir para investir contra a retaguarda do adversário? Ele não sabe responder. O que a linha de frente precisa ser? É preciso que ela seja o peso do mar contra o dique.

O que é preciso fazer? Isso. Ou o contrário. Ou outra coisa. Não há determinismo no futuro. O que é preciso ser? Eis a questão essencial, pois só o espírito fertiliza a inteligência. Ele a preenche com a obra posterior. A inteligência a conduzirá até o fim. Que deve fazer o homem para criar o primeiro navio? A fórmula é complicada demais. Esse navio nascerá, no fim das contas, de mil tentativas contraditórias. E esse homem, o que deve ser? Aqui, tomo a criação pela raiz. Ele deve ser mercador ou soldado, pois, então, necessariamente, por amor às terras longínquas, suscitará os técnicos, fatigará os operários e lançará, um dia, seu navio! O que é preciso fazer para que toda uma floresta se acabe? Ah, é muito difícil... O que é preciso ser? É preciso ser fogo!

Nós entraremos amanhã, em meio à noite. Que meu país ainda exista quando o dia nascer! O que é preciso fazer para salvá-lo? Como declarar uma solução simples? As necessidades são contraditórias. Só importa salvar a herança espiritual, sem a qual a raça será privada de seu talento. Importa salvar a raça, sem a qual a herança será perdida. Os lógicos, sem uma linguagem que concilie as duas salvações, ficarão tentados a sacrificar a alma ou o corpo. Mas eu caçoo dos lógicos. Quero que meu país exista – em seu espírito e em sua carne – quando o dia nascer. Para agir pelo bem do meu país, será preciso inclinar-me, a cada instante, nessa direção, com todo o meu amor. Não há passagem que o mar, impondo-se, não encontre.

Nenhuma dúvida sobre a salvação me é possível. Compreendo melhor a minha imagem do fogo para o cego. Se o cego vai em direção ao fogo, é porque surgiu nele a necessidade do fogo. O fogo já o orienta. Se o cego busca o fogo, é porque já o encontrou. Da mesma forma, o escultor já segura sua criação quando molda a argila. Nós também. Nós sentimos o calor de nossos laços: eis por que já somos vencedores.

Já somos sensíveis à nossa comunidade. Certamente, será preciso exprimi-la, para ligar-se a ela. Isso é esforço de consciência e de linguagem. Mas será preciso também, para não perder nada de sua essência, ficar surdo às armadilhas das lógicas temporárias, das chantagens e das polêmicas. Nós devemos, antes de tudo, não renegar nada do que somos.

E é por isso que, no silêncio da minha noite de vilarejo, apoiado contra uma parede, começo, no retorno de minha missão sobre Arrás – e parece-me que esclarecido por minha missão –, a me impor regras simples, que não trairei jamais.

Como sou um deles, não renegarei jamais os meus, o que quer que eles façam. Não me colocarei jamais contra eles diante dos outros. Se for possível tomar sua defesa, eu os defenderei.

Se me cobrirem de vergonha, ocultarei tal vergonha no meu coração, e me calarei. O que quer que eu pense, então, sobre eles, jamais servirei de testemunha de acusação. Um marido não vai, ele mesmo, de casa em casa, informar a seus vizinhos que sua mulher é uma prostituta. Ele não salvará, assim, sua honra. Pois sua mulher é parte de sua casa. Ele não pode se enobrecer ficando contra ela. É ao voltar para casa que terá o direito de exprimir sua cólera.

Assim, não vou me desassociar de uma derrota que, muitas vezes, me humilhará. Sou da França. A França formava os Renoir, os Pascal, os Pasteur, os Guillaumet, os Hochedé. Ela formava também incapazes, políticos e trapaceiros. Mas me parece fácil demais evocar uns e negar qualquer parentesco com os outros.

A derrota divide. A derrota desfaz o que estava feito. Há, aí, uma ameaça de morte: eu não contribuirei com essas divisões, atribuindo a responsabilidade do desastre àqueles, entre os meus, que pensam diferente de mim. Não há nada a tirar desse processo sem juiz. Nós fomos todos vencidos. Eu fui vencido. Hochedé foi vencido. Hochedé não atribui a derrota a nenhum outro além dele. Ele pensa: "Eu, Hochedé, da França, fui fraco. A França de Hochedé foi fraca. Eu fui fraco nela e ela, fraca em mim". Hochedé sabe muito bem que, se ele se separar dos seus, só glorificará a si mesmo. E, desde então, não será mais o Hochedé de uma casa, de uma família, de um esquadrão, de uma pátria. Ele não passará do Hochedé de um deserto.

Se eu aceitar ser humilhado pela minha casa, posso agir sobre minha casa. Ela é minha, como sou dela. Mas, se recusar a humilhação, a casa desmoronará como quiser, e irei, sozinho, pleno de glórias, mas mais vazio que um morto.

Para ser, é importante, primeiro, responsabilizar-se. No entanto, há poucas horas, eu estava cego. Estava amargo. Mas começo a julgar com mais clareza. Do mesmo modo que me recuso a queixar-me dos outros franceses, desde que me sinto da França, não concebo mais que a França se queixe do mundo. Cada um é responsável por todos. A França era responsável pelo mundo. A França poderia ter oferecido ao mundo o denominador comum que o teria unido. A França poderia ter sido a pedra angular do mundo.

Se a França tivesse apresentado o sabor da França, o brilho da França, o mundo inteiro teria resistido por meio da França. Daqui em diante, renego minhas recriminações ao mundo. A França deveria servir-lhe de alma, caso lhe falte uma.

A França poderia ter persuadido a todos. Meu Esquadrão 2/33 ofereceu-se, sucessivamente, como voluntário para a guerra da Noruega, depois da Finlândia. O que representavam a Noruega e a Finlândia para os soldados e os oficiais de meu país? Sempre tive a impressão de que aceitavam morrer, confusamente, por um certo gosto das festas de Natal. A salvaguarda desse sabor, no mundo, parecia-lhes justificar o sacrifício de sua vida. Se fôssemos o Natal do mundo, o mundo se salvaria por meio de nós.

A comunidade espiritual dos homens no mundo não jogou a nosso favor. Mas, ao fundar essa comunidade de homens no mundo, teríamos salvado o mundo e nós mesmos. Falhamos nessa tarefa. Cada um é responsável por todos. Cada um é o único responsável. Cada um é o único responsável por todos. Compreendo, pela primeira vez, um dos mistérios da religião, do qual surgiu a civilização que reivindico como minha: "Carregar os pecados dos homens...". E cada um carrega todos os pecados de todos os homens.

XXV

Quem vê aqui uma doutrina de fracos? O chefe é quem se encarrega de tudo. Ele diz: "Fui vencido". Ele não diz: "Meus soldados foram vencidos". O verdadeiro homem fala assim. Hochedé diria: "Eu sou o responsável".

Compreendo o sentido da humildade. Ela não é uma depreciação de si próprio. É o mero princípio da ação. Se, com o intuito de me absolver, justifico meus infortúnios pela fatalidade, submeto-me à fatalidade. Se os justifico pela traição, submeto-me à traição. Mas, se assumo o erro, reivindico meu poder de homem. Posso agir sobre aquilo que sou. Sou parte constituinte da comunidade dos homens.

Há, então, alguém em mim que combato, para poder crescer. Foi necessária essa viagem difícil para que eu distinguisse em mim, para o bem e para o mal, o indivíduo que combato do homem que cresce. Não sei quanto vale a imagem que me aparece, mas digo a mim mesmo: o indivíduo é apenas uma estrada. O Homem que a utiliza é o único que conta.

Já não posso me satisfazer com verdades polêmicas. De nada serve acusar os indivíduos. Eles são apenas vias e passagens. Não posso mais justificar o congelamento de minhas metralhadoras com a negligência de funcionários, nem a ausência de povos amigos com seu egoísmo. Certamente, a derrota se exprime por meio das falhas individuais. Mas uma civilização molda os homens. Se aquela que reivindico para mim está ameaçada pela derrota dos indivíduos, tenho o direito de me questionar acerca do porquê de ela não os ter formado de outra maneira.

Uma civilização, assim como uma religião, acusa a si mesma ao queixar-se da fraqueza dos fiéis. Ela deve exaltá-los. O mesmo vale se ela se queixa do ódio dos infiéis. Cabe a ela convertê-los. Ora, minha religião, que, no passado, atravessou suas provações, inflamou seus apóstolos, apaziguou os bárbaros e libertou povos escravizados, não soube, hoje, nem exaltar nem converter. Se desejo arrancar a raiz das diversas causas de minha derrota, se tenho ambição de revivê-la, devo reencontrar, primeiro, a origem que perdi.

Pois acontece com uma civilização o mesmo que acontece com o trigo. O trigo nutre o homem, mas o homem, por sua vez, salva o trigo, cuja semente ele armazena. A reserva de sementes é respeitada, de geração de trigo em geração de trigo, como uma herança.

Não me basta saber qual trigo desejo para que ele germine. Se quero salvar um tipo de homem – e seu poder –, devo salvar também os princípios que o constituem.

Ora, se conservei a imagem da civilização que reivindico como minha, perdi as regras que a conduziam. Descubro, nesta noite, que as palavras que eu usava não alcançavam mais o essencial. Assim, eu pregava a Democracia, sem suspeitar que enunciava, com isso, as qualidades e o destino do homem – não mais um conjunto de regras, mas um conjunto de desejos. Desejava que os homens fossem fraternos, livres e felizes. É claro. Quem não concorda? Sabia expor "como" deve ser o homem – e não "quem" ele deve ser.

Eu falava, sem precisar as palavras, da comunidade dos homens. Como se o clima ao qual eu fazia alusão não fosse fruto de uma arquitetura particular. Parecia-me evocar uma evidência natural. Não há evidência natural. Tanto uma tropa fascista quanto uma feira de escravizados também são comunidades de homens.

Eu não habitava mais essa comunidade dos homens como um arquiteto. Beneficiava-me de sua paz, de sua tolerância, de seu bem-estar. Não sabia nada a seu respeito, a não ser que a habitava. Habitava-a como um sacristão, um locador de cadeiras. Ou seja, como um parasita. Ou seja, como um vencido.

Da mesma forma são os passageiros de um navio. Usam o navio sem nada lhe oferecer em troca. Ao abrigo dos salões, que eles tomam por cenário absoluto, prosseguem com seus jogos. Ignoram o esforço do chassi principal, sob o peso eterno do mar. Que direito terão de reclamar se a tempestade desmantelar seu navio?

Se os indivíduos se corrompem, se fui vencido, do que vou reclamar?

Há um denominador comum às qualidades que desejo aos homens de minha civilização. Há uma pedra angular na comunidade particular que eles devem fundar. Há um princípio do qual tudo, no passado, saiu: raízes, tronco, galhos e frutos. Qual é ele? Era uma potente semente no solo dos homens. Só ela pode me fazer vencedor.

Pareço compreender muitas coisas na minha estranha noite no vilarejo. O silêncio é de uma qualidade extraordinária. O mínimo ruído preenche o espaço inteiro, como um sino. Nada me é desconhecido. Nem esse lamento de gado, nem esse apelo ao longe, nem esse barulho de uma porta que se fecha. Tudo acontece como em mim mesmo. Não preciso me apressar a captar o sentido de uma sensação que pode desaparecer...

Digo a mim mesmo: "É o tiro de Arrás...". O tiro rachou uma casca. Nesse dia todo, sem dúvida, preparei em mim a morada. Eu era apenas um gerente rabugento. É isso o indivíduo. Mas surgiu o Homem. Ele simplesmente tomou meu lugar. Olhou a multidão amontoada e viu um povo. Seu povo. O Homem, denominador comum entre esse povo e eu. É por isso que, correndo para o esquadrão, parecia-me correr para um enorme fogo. O Homem olhava através dos meus olhos – o Homem, denominador comum dos colegas.

Seria um sinal? Estou a ponto de acreditar em sinais... Nesta noite, tudo se torna entendimento tácito. Qualquer barulho me atinge como uma mensagem clara e, ao mesmo tempo, obscura. Ouço um passo tranquilo preencher a noite:

— Ei! Boa noite, capitão...

— Boa noite!

Não o conheço. Foi entre nós como um "ei" de barqueiros, de um barco a outro.

Mais uma vez, tive a sensação de um parentesco miraculoso. O Homem que habita em mim nesta noite não cessa de enumerar os seus. O Homem, denominador comum dos povos e das raças...

Aquele ali retornava, com sua provisão de preocupações, de pensamentos e de imagens. Com sua carga própria, isolada em si mesma. Poderia tê-lo abordado e falado com ele. Na inocência de uma trilha de vilarejo, teríamos trocado algumas de nossas lembranças. É assim que os mercadores trocam tesouros, caso se cruzem, retornando das ilhas.

Em minha civilização, aquele que difere de mim, longe de me lesar, me enriquece. Nossa unidade, acima de nós, funda-se no Homem. Assim, nossas conversas à noite, no Esquadrão 2/33, longe de prejudicar nossa fraternidade, a apoiam, pois ninguém deseja ouvir seu próprio eco nem se olhar em um espelho.

No Homem se encontram, também, os franceses da França e os noruegueses da Noruega. O Homem abriga-os em sua unidade, ao mesmo tempo que exalta, sem se contradizer, seus costumes particulares. A árvore também se exprime por galhos, que não se parecem com as raízes. Se ali, então, escrevem-se contos sobre a neve, se tulipas são cultivadas na Holanda, se flamencos são improvisados na Espanha, estamos, todos, enriquecidos no Homem. É talvez por isso que desejemos, nós, do esquadrão, combater pela Noruega...

E eis que pareço chegar ao fim de uma longa peregrinação. Não descubro nada, mas, como ao despertar do sono, simplesmente revejo aquilo que não via mais.

Minha civilização repousa sobre o culto do Homem por meio dos indivíduos. Ela tentou, por séculos, mostrar o Homem, como se tivesse ensinado a distinguir uma catedral através das pedras. Ela propagou esse Homem que dominava o indivíduo...

Pois o Homem da minha civilização não se define a partir dos homens. São os homens que se definem por ele. Há nele, como em todo Ser, algo que as substâncias que o compõem não explicam. Uma catedral é bem diferente de uma somatória de pedras. É geometria e arquitetura. Não são as pedras que a definem; é ela que enriquece as pedras, com seu próprio significado. Essas pedras são enobrecidas por serem pedras de uma catedral. As pedras mais diversas servem à sua unidade. A catedral absorve até as carrancas mais horrendas, com seus cânticos.

Mas, pouco a pouco, esqueci da minha verdade. Acreditei que o Homem resumisse os homens, como a Pedra resume as pedras. Confundi a catedral e a somatória de pedras, e, pouco a pouco, a herança desapareceu. É preciso restaurar o Homem. É ele a essência da minha cultura. É ele a chave da minha Comunidade. É ele o princípio da minha vitória.

XXVI

É fácil fundar a ordem de uma sociedade sobre a submissão de cada um a regras fixas. É fácil moldar um homem cego que aceite, sem protestar, um mestre ou um *Alcorão*. Mas um êxito completamente distinto e superior consiste – a fim de libertar o homem – em fazê-lo reinar sobre si mesmo.

Mas o que é libertar? Se eu liberto, no deserto, um homem que não sente nada, o que significa a sua liberdade? Só há liberdade em "alguém" que vai a algum lugar. Libertar esse homem seria ensinar-lhe o que é sede e traçar-lhe uma rota até um poço. Apenas assim se proporiam a ele passos plenos de significado. Libertar uma pedra não significa nada, se não houver gravidade. Pois a pedra, uma vez livre, não irá a lugar algum.

No entanto, minha civilização tentou fundar as relações humanas sobre o culto do Homem além do indivíduo, a fim de que o comportamento de cada um em relação a si mesmo, ou aos outros, não fosse mais um conformismo cego aos hábitos da comunidade, mas o livre exercício do amor.

A rota invisível da gravidade libera a pedra. As inclinações invisíveis do amor liberam o homem. Minha civilização tentou fazer de cada homem o Embaixador de um mesmo príncipe... Ela considerou o indivíduo como caminho ou mensagem de algo maior que ele próprio, e ofereceu à liberdade de sua ascensão orientações atraentes.

Conheço bem a origem desse campo de forças. Durante séculos, minha civilização contemplou Deus por meio dos homens. O homem era criado à imagem de Deus. Respeitava-se Deus no homem. Os homens eram irmãos em Deus. Esse reflexo de Deus conferia uma dignidade inalienável a cada homem. As relações do homem com Deus fundavam, com evidência, os deveres de cada um frente a si mesmo ou aos outros.

Minha civilização é herdeira dos valores cristãos. Refletirei sobre a construção da catedral, a fim de compreender melhor sua arquitetura.

A contemplação de Deus tornava os homens iguais, porque iguais em Deus. E essa igualdade tinha um significado claro. Pois só se pode ser igual em alguma coisa. O soldado e o capitão são iguais na nação. A igualdade não passa de uma palavra vazia de sentido, se não houver nada a que ligar essa igualdade.

Compreendo, claramente, por que essa igualdade, que era a igualdade dos direitos de Deus por meio dos indivíduos, proibia limitar a ascensão de um indivíduo: Deus podia decidir tomá-lo como rota. Mas, como se tratava também da igualdade dos direitos de Deus "sobre" os indivíduos, compreendo por que os indivíduos, fossem quem fossem, estavam submetidos aos mesmos deveres e ao mesmo respeito às leis. Exprimindo Deus, eles eram iguais em seus direitos. Servindo a Deus, eram iguais em seus deveres.

Compreendo por que uma igualdade estabelecida em Deus não acarretava nem contradição nem desordem. A demagogia é introduzida quando, por falta de um denominador comum, o princípio de igualdade se corrompe em princípio de identidade. Então, o soldado recusa a saudação do capitão, pois o soldado, saudando o capitão, honraria um indivíduo, e não a Nação.

Minha civilização, herdeira de Deus, fez os homens iguais no Homem.

Compreendo a origem do respeito mútuo dos homens. O sábio devia respeito ao subalterno, pois, pelo subalterno, ele respeitava Deus, de quem o subalterno também era Embaixador. Quaisquer que fossem o valor de um e a mediocridade do outro, nenhum homem podia pretender reduzir outro à escravidão. Não se humilha um Embaixador. Mas esse respeito pelo homem não levava à prostração degradante diante da mediocridade do indivíduo, diante da estupidez ou da ignorância, já que, primeiro, honrava-se essa qualidade de Embaixador de Deus. Assim, o amor de Deus estabelecia, entre os homens, uma relação enobrecedora, tratando-se de trocas entre Embaixador e Embaixador, acima da qualidade dos indivíduos.

Minha civilização, herdeira de Deus, fundou o respeito do homem por meio dos indivíduos.

Compreendo a origem da fraternidade dos homens. Os homens eram irmãos em Deus. Só se pode ser irmão em alguma coisa. Se não há laço que os una, os homens são justapostos, e não ligados. Não se pode ser, simplesmente, irmão. Meus colegas e eu somos irmãos "no" Esquadrão 2/33. Os franceses, "na" França.

Minha civilização, herdeira de Deus, fez os homens irmãos no Homem.

Compreendo o significado dos deveres de caridade que me foram incutidos. A caridade servia a Deus por meio do indivíduo. Era devida a Deus, qualquer que fosse a mediocridade do indivíduo. Essa caridade não humilhava o beneficiário, nem o amarrava aos grilhões da gratidão, pois não era a ele, mas a Deus, que a doação era feita. O exercício dessa caridade, no entanto, jamais foi uma homenagem à mediocridade, à estupidez ou à ignorância. O médico devia empregar sua vida nos cuidados do mais vulgar dos pestilentos. Ele servia a Deus. Não era diminuído pela noite passada em claro, à beira da cama do ladrão.

Minha civilização, herdeira de Deus, fez assim, da caridade, uma doação do Homem por meio do indivíduo.

Compreendo o significado profundo da Humildade exigida do indivíduo. Ele não se rebaixava nem um pouco. Ele se elevava. Ele se esclarecia sobre seu papel de Embaixador. Assim como o obrigava a respeitar Deus por meio dos outros, ela o obrigava a respeitar a si mesmo, a fazer-se mensageiro de Deus, no caminho para Deus. Impunha-lhe esquecer de si para crescer, pois, se o indivíduo exalta sua própria importância, o caminho logo se transforma em muralha.

Minha civilização, herdeira de Deus, pregou também o respeito de si mesmo, isto é, o respeito do Homem por meio de si mesmo.

Compreendo, enfim, por que o amor de Deus estabeleceu que os homens são responsáveis uns pelos outros, impondo-lhes a Esperança como uma virtude. Pois, de cada um deles, ela fazia Embaixador do mesmo Deus; nas mãos de cada um, repousava a salvação de todos. Ninguém tinha o direito de se desesperar, pois era mensageiro de alguém superior a si. O desespero era a renúncia do próprio Deus. O dever da Esperança poderia ter-se traduzido por: "Você se julga tão importante? Como há pretensão em seu desespero!".

Minha civilização, herdeira de Deus, fez cada um responsável por todos os homens e todos os homens, responsáveis por cada um. Um indivíduo deve sacrificar-se pelo resgate de uma coletividade, mas não se trata, aqui, de uma aritmética imbecil. Trata-se do respeito do homem por meio do indivíduo. Com efeito, a grandeza da minha civilização deve-se ao fato de que cem mineiros têm a obrigação de arriscar sua vida pelo resgate de um só mineiro soterrado. Eles salvam o Homem.

Compreendo, claramente, sob essa luz, o significado da liberdade. Ela é a liberdade do crescimento da árvore no campo de força de sua semente. Ela é o clima de ascensão do Homem. É semelhante a um vento favorável. Pela simples graça do vento, os veleiros estão livres, no mar.

Um homem assim criado disporia do poder da árvore. Quanto espaço não cobriria com suas raízes! Que massa humana ela não absorveria, para fazê-lo desabrochar ao sol!

XXVII

Mas eu estraguei tudo. Dilapidei a herança. Deixei apodrecer a noção de Homem.

Para salvar esse culto de um Príncipe que se contempla por meio dos indivíduos, e a alta qualidade das relações humanas que esse culto fundava, minha civilização, entrementes, dispendera uma energia e um talento consideráveis. Todos os esforços do "Humanismo" pendiam apenas a esse fim. O Humanismo se deu com a missão exclusiva de esclarecer e de perpetuar a primazia do Homem sobre o indivíduo. O Humanismo doutrinou o Homem.

Mas, quando se trata de falar sobre o Homem, a linguagem torna-se desconfortável. O Homem se distingue dos homens. Nada se diz de essencial sobre a catedral, se falamos apenas das pedras. Não se diz nada de essencial sobre o Homem, se buscamos defini-lo pelas qualidades do homem. Por isso, o Humanismo trabalhou em uma direção obstruída desde o início. Tentou extrair a noção de Homem de uma argumentação lógica e moral e, dessa forma, tentou incuti-lo nas consciências.

Nenhuma explicação verbal jamais substitui a contemplação. A unidade do Ser não é incutida pelas palavras. Se eu desejasse ensinar a homens cuja civilização ignorasse o amor a uma pátria ou a uma propriedade, não disporia de nenhum argumento para comovê-los. São os campos, os pastos e o gado que compõem uma propriedade. Cada um, e todos juntos, tem por papel enriquecer. Ainda assim, há, na propriedade, algo que escapa à análise da matéria, pois há proprietários que, por amor à propriedade, iriam à ruína para salvá-la. É, bem ao contrário, esse "algo" que enobrece a matéria com uma qualidade particular. Ela se torna o gado de uma propriedade, as pradarias de uma propriedade, os campos de uma propriedade...

Assim, nós nos tornamos homens de uma pátria, de uma profissão, de uma civilização, de uma religião. Mas, para que nos proclamemos pertencentes a tais Seres, convém, primeiro, fundá--los em nós mesmos. E, aonde não existe o sentimento da pátria, linguagem alguma o conduzirá. Somente por atos é possível fundar-se o Ser a que se pretende pertencer. Um Ser não é o império da linguagem, mas dos atos. Nosso Humanismo negligenciou os atos. Fracassou em sua tentativa.

O ato essencial, aqui, recebeu um nome. Trata-se do sacrifício.

Sacrifício não significa nem amputação nem penitência. É essencialmente um ato. É uma doação de si mesmo ao Ser a que se pretende pertencer. Apenas ele compreenderá o que é uma propriedade, pois terá sacrificado uma parte de si, terá lutado para salvá-la e sofrido para embelezá-la. Então, virá-lhe o amor pela propriedade. Uma propriedade não é a somatória dos interesses, eis aí o erro. É a somatória das doações.

Enquanto minha civilização se apoiou em Deus, ela preservou essa noção do sacrifício que fundava Deus no coração do homem. O Humanismo negligenciou o papel essencial do sacrifício. Pretendeu conduzir o Homem pelas palavras, e não pelos atos.

Para salvar a visão do Homem por meio dos homens, ele só dispunha dessa mesma palavra, embelezada por uma maiúscula. Nós nos arriscávamos a derrapar em uma ladeira perigosa e confundir, um dia, o Homem com o símbolo da média ou do conjunto dos homens. Arriscávamos confundir nossa catedral com a somatória das pedras.

E, pouco a pouco, perdemos a herança.

Em vez de afirmar os direitos do Homem por meio dos indivíduos, começamos a falar dos direitos da Coletividade. Vimos ser introduzida, insensivelmente, uma moral do Coletivo, que negligencia o Homem. Essa moral explicará, claramente, por que o indivíduo deve se sacrificar pela Comunidade. Ela não explicará mais, sem artifícios de linguagem, por que uma Comunidade deve se sacrificar por um só homem. Por que é justo que mil morram para libertar um único da prisão da injustiça. Nós ainda nos lembramos disso, mas esquecemos, pouco a pouco. Entrementes, é nesse princípio, que nos distingue tão claramente de um cupinzeiro, que reside, antes de tudo, nossa grandeza.

Inserimos – por falta de um método eficaz – a Humanidade, que se encontra no Homem, nesse cupinzeiro, que é apenas a somatória dos indivíduos.

O que tínhamos a opor às religiões do Estado ou da Massa? O que se tornara nossa grande imagem do Homem nascido de Deus? Ela só se reconhecia com muito esforço, com um vocabulário que se esvaziara de sua essência.

Pouco a pouco, esquecendo o Homem, limitamos nossa moral aos problemas do indivíduo. Exigimos de cada um que não lesasse outro indivíduo. De cada pedra, que não lesasse outra pedra. E, certamente, elas não lesam umas às outras quando estão empilhadas em um campo. Mas elas lesam a catedral que porventura tenham fundado, que, por sua vez, lhes teria incutido seu próprio significado.

Nós continuamos a pregar a Igualdade dos homens. Mas, tendo esquecido o Homem, não entendemos mais nada do que falávamos. Por não sabermos sobre o que fundar a Igualdade, fizemos dela uma afirmação vaga, da qual não soubemos mais nos servir. Como definir a Igualdade, no plano dos indivíduos, entre o sábio e o bruto, o imbecil e o talentoso? A igualdade, no plano material, exige, se pretendemos defini-la e concretizá-la, que todos ocupem um lugar idêntico e exerçam o mesmo papel. O que é absurdo. O princípio da Igualdade se degrada, então, em princípio de Identidade.

Continuamos a pregar a Liberdade do homem. Mas, tendo esquecido o Homem, definimos nossa Liberdade como uma licença vaga, exclusivamente limitada ao erro cometido contra os outros. O que é vazio de significado, já que não há ato que não toque aos outros. Se eu me mutilo, por ser soldado, sou fuzilado. Não há indivíduo sozinho. Quem se subtrai lesa uma comunidade. Quem é triste entristece os outros.

De nosso direito a uma liberdade assim entendida, não soubemos mais nos servir sem contradições intransponíveis. Sem saber definir em que caso nosso direito era válido, e em que caso não era mais, fechamos hipocritamente os olhos, a fim de salvar um princípio obscuro, concernente aos inumeráveis entraves que toda sociedade, necessariamente, trazia às nossas liberdades.

Quanto à Caridade, nem mesmo ousamos mais pregá-la. De fato, no passado, o sacrifício que funda os Seres tomava o nome de Caridade, quando honrava a Deus por meio de sua imagem humana. Por meio do indivíduo, doávamos a Deus, ou ao Homem. Mas, tendo esquecido Deus ou o Homem, passamos a doar ao indivíduo. Desde então, a Caridade tomou, frequentemente, o aspecto de um processo inaceitável. É a Sociedade, e não o humor individual, que deve assegurar a equidade na partilha das provisões. A dignidade do indivíduo exige que ele não seja reduzido à vassalagem pelas liberalidades de um outro. Seria paradoxal ver os possuidores reivindicar, além da posse de seus bens, a gratidão daqueles que nada possuem.

Mas, acima de tudo, nossa caridade mal compreendida se voltava contra seu propósito. Exclusivamente fundada sobre os movimentos de piedade para com os indivíduos, ela nos proibia qualquer castigo educador. Enquanto a Caridade verdadeira, sendo exercício de um culto ao Homem, para além do indivíduo, impunha combater o indivíduo, para nele fazer crescer o Homem.

Perdemos, assim, o Homem. E, perdendo o Homem, esvaziamos de calor essa fraternidade que nossa civilização nos doutrinava – já que somos irmãos em algo, e não irmãos, simplesmente.

A partilha não garante a fraternidade. Esta se liga, unicamente, ao sacrifício. Liga-se à doação comum, mais ampla que nós mesmos. Mas, ao confundir essa raiz de toda existência verdadeira com um enfraquecimento estéril, reduzimos nossa fraternidade à mera tolerância mútua.

Cessamos de doar. Ora, se não pretendo doar senão a mim mesmo, nada recebo, pois não construo nada do que sou e, por isso, não sou nada. Se vierem, agora, exigir que eu morra por interesses, recusare-me a morrer. O interesse manda, antes de tudo, viver. Qual é o impulso de amor que pagaria minha morte? Morre-se por uma casa. Não por objetos e paredes. Morre-se por uma catedral. Não por pedras. Morre-se por um povo. Não por uma multidão. Morre-se pelo amor do Homem, se ele for a pedra angular de uma Comunidade. Morre-se, unicamente, por aquilo por que se pode viver.

Nosso vocabulário parecia quase intacto; mas nossas palavras, esvaziadas de essência verdadeira, nos levariam, se pretendêssemos usá-las, a contradições sem saída. Fomos obrigados a fechar os olhos a esses litígios. Fomos obrigados, por não sabermos construir, a deixar as pedras amontoadas no campo e a falar da Coletividade, com prudência, sem ousar precisar muito bem sobre o que falávamos, pois, de fato, não falávamos de nada. Coletividade é uma palavra vazia de significado, enquanto a Coletividade não se ligar a algo. Uma somatória não é um Ser.

Se a nossa Sociedade ainda podia parecer desejável, se o Homem ainda conservava nela algum prestígio, era porque, à medida que a civilização verdadeira – a qual traíamos por nossa ignorância – prolongava sobre nós seu brilho condenado, ela nos salvava, a despeito de nós mesmos.

Como nossos adversários teriam compreendido o que nós não compreendíamos mais? Tudo o que viram de nós foram essas pedras amontoadas. Tentaram dar sentido a uma Coletividade que nós não sabíamos mais definir, por não nos lembrarmos mais do Homem.

Alguns chegaram, de repente, com alegria, às conclusões mais extremas da lógica. Dessa coleção, fizeram uma coleção absoluta. As pedras devem ser idênticas às pedras. E cada pedra reina apenas sobre si mesma. A anarquia se lembra do culto ao Homem, mas o aplica, com rigor, ao indivíduo. E as contradições que surgem desse rigor são piores que as nossas.

Outros juntaram de qualquer jeito as pedras espalhadas no campo. Pregaram os direitos da Massa. A fórmula pouco satisfaz. Pois, certamente, se é intolerável que um único homem tiranize uma Massa, é igualmente intolerável que uma Massa esmague um único homem.

Outros se apoderaram dessas pedras sem poder e, dessa somatória, fizeram um Estado. Tal Estado tampouco transcende os homens. Trata-se, igualmente, da expressão de uma somatória. Do poder da Coletividade delegado às mãos de um indivíduo. É o reino de uma pedra, que pretende identificar-se com as outras, no conjunto das pedras. Esse Estado prega, claramente, uma moral do Coletivo que continuamos a recusar, mas para a qual caminhamos, nós mesmos, lentamente, por não nos lembrarmos do Homem, o único que justificaria nossa recusa.

Esses fiéis da nova religião vão se opor a que vários mineiros arrisquem sua vida para o resgate de um único mineiro soterrado. Pois o monte de pedras, então, está lesado. Eles matarão o gravemente ferido, se ele atrapalhar o avanço de um exército. O bem da Comunidade será estudado na aritmética – e a aritmética os governará. Nisso, não chegarão a transcender a si mesmos. Consequentemente, odiarão o que é diferente deles, pois não disporão de nada, acima de si mesmos, com que se fundir. Qualquer costume, qualquer raça, qualquer pensamento diferente se tornará, para eles, uma afronta. Eles não disporão do poder de absorver, pois, para converter o Homem em si, convém não amputá-lo, mas exprimi-lo em si mesmo e oferecer um objetivo a suas aspirações, um território a suas energias. Converter é libertar, sempre. A catedral pode absorver as pedras que nela adquirem sentido. Mas o monte de pedras não absorve nada e, sem condições de absorver, esmaga. Assim é – mas de quem é a culpa?

Não me surpreende mais que o monte de pedras, que é pesado, tenha se sobreposto às pedras espalhadas.

Entrementes, sou eu o mais forte.

Sou o mais forte, se me reencontro. Se nosso Humanismo restaurar o Homem. Se soubermos fundar nossa Comunidade e se, para fundá-la, usarmos de um só instrumento eficaz: o sacrifício. Nossa Comunidade, tal como nossa civilização a construiu, também não era a somatória de nossos interesses – era a somatória de nossas doações.

Eu sou o mais forte, porque a árvore é mais forte que as matérias do solo. Ela as drena para si. Ela as transforma em árvore. A catedral é mais brilhante que o amontoado de pedras. Eu sou o mais forte porque minha civilização tem, sozinha, o poder de agregar, em sua unidade, sem amputá-las, as diversidades particulares. Ela vivifica a fonte de sua força, ao mesmo tempo que nela se sacia.

Eu quis, na hora da partida, receber antes de doar. Minha pretensão era vã. Foi como a triste aula de gramática. É preciso dar antes de receber – e construir antes de habitar.

Fundei meu amor aos meus nessa doação do sangue, como a mãe funda seu amor na doação do leite. Eis aí o mistério. É preciso começar pelo sacrifício para fundar o amor. O amor, depois, pode solicitar outros sacrifícios e empregá-los em todas as vitórias. O homem deve sempre dar os primeiros passos. Deve nascer antes de existir.

Voltei da missão tendo iniciado meu parentesco com a pequena fazendeira. Seu sorriso me foi transparente e, através dele, vi meu vilarejo. E, através do meu vilarejo, meu país. Pois sou de uma civilização que escolheu o Homem como pedra angular. Sou do Esquadrão 2/33, que desejava combater pela Noruega.

Pode ser que Alias, amanhã, me designe para uma outra missão. Eu me vesti, hoje, para o serviço de um deus ao qual estava cego. O tiro de Arrás trincou o casco, e eu vi. Todos os nossos viram, também. Se, então, eu decolar no amanhecer, saberei por que ainda estou lutando.

Mas desejo me lembrar do que vi. Preciso de um Credo simples para me lembrar.

Lutarei pela primazia do Homem sobre o indivíduo – assim como do Universal sobre o particular.

Acredito que o culto do Universal exalte e una as riquezas particulares – e institua a única ordem verdadeira, que é a da vida. Uma árvore é uma ordem, apesar de suas raízes diferirem dos galhos.

Acredito que o culto do particular acarrete somente a morte – já que institui a ordem na semelhança. Ele confunde a unidade do Ser com a identidade de suas partes. E devasta a catedral para alinhar as pedras. Eu combaterei, então, todo aquele que pretender impor um costume particular aos outros costumes, um povo particular aos outros povos, uma raça particular às outras raças, um pensamento particular aos outros pensamentos.

Acredito que a primazia do Homem instituirá a única Igualdade e a única Liberdade que têm significado. Acredito na igualdade dos direitos do Homem por meio de cada indivíduo. E acredito que a Liberdade é a que consiste na ascensão do Homem. Igualdade não é Identidade. A Liberdade não é a exaltação do indivíduo contra o Homem. Eu combaterei todo aquele que pretenda submeter um indivíduo – ou uma massa de indivíduos – à separação do Homem.

Acredito que minha civilização denomine Caridade como o sacrifício consentido ao Homem, a fim de estabelecer seu reino. A caridade é a doação do Homem, por meio da mediocridade do indivíduo. Ela institui o Homem. Eu combaterei todo aquele que, pretendendo que minha caridade honre a mediocridade, renegue o Homem e, assim, aprisione o indivíduo em uma mediocridade definitiva.

Eu combaterei pelo Homem. Contra seus inimigos. Mas também contra mim mesmo.

XXVIII

Reencontrei os colegas. Deveríamos nos encontrar, todos, por volta da meia-noite, para receber as ordens. O Esquadrão 2/33 está com sono. A chama do grande fogo transformou-se em brasa. O esquadrão ainda parece aguentar, mas é só uma ilusão. Hochedé questiona, com tristeza, seu famoso cronômetro. Pénicot, a um canto, com a nuca contra a parede, fecha os olhos; Gavoille, sentado em uma mesa, com o olhar vago e as pernas pendentes, faz uma careta, como uma criança prestes a chorar. Azambre vacila sobre um livro. O comandante é o único alerta, mas pálido de dar medo, com os papéis na mão sob um abajur, conversando, em voz baixa, com Geley. Aliás, "conversando" é só uma imagem. O comandante fala. Geley concorda com a cabeça e diz: "Sim, claro". Geley se agarra a seu "Sim, claro". Ele se agarra, cada vez mais confortavelmente, às instruções do comandante, como um homem que se afoga ao pescoço do salva-vidas. Se eu fosse Alias, eu diria, sem mudar de tom: "Capitão Geley... Você será fuzilado ao amanhecer...". E esperaria a resposta.

O Esquadrão não dorme há três dias e mantém-se em pé como um castelo de cartas.

O comandante se levanta, vai até Lacordaire e tira-o de um sonho, no qual Lacordaire, talvez, ganhasse de mim no xadrez:

— Lacordaire... Você partirá logo de manhã. Missão rasante.

— Muito bem, meu comandante.

— Você deveria dormir...

— Sim, meu comandante.

Lacordaire senta-se novamente. O comandante, saindo, leva Geley em seu rastro, como puxaria um peixe morto na ponta de uma linha. Sem dúvida, não faz apenas três dias, mas uma semana, que Geley não se deita. Assim como Alias, ele não só pilotou suas missões de guerra, mas carregou nos ombros a responsabilidade do esquadrão. A resistência humana tem limites. Os de Geley foram atingidos. Ainda assim, lá vão eles, partindo ambos, o nadador e seu afogado, perseguindo ordens fantasmas.

Vezin, desconfiado, chega até mim, Vezin que também está dormindo em pé, como um sonâmbulo:

— Você está dormindo?

— Eu...

Apoiei a nuca contra o encosto de uma poltrona, pois achei uma poltrona. Eu também cochilava, mas a voz de Vezin me atormenta:

— Isso vai acabar mal!

Vai acabar mal... Interdição *a priori*... Vai acabar mal...

— Você está dormindo!

— Eu... Não... O que vai acabar mal?

— A guerra.

Essa é nova! Mergulho de novo no sono. Respondo, vagamente:

— ...que guerra?

— Como assim "que guerra?"

Essa conversa não vai longe. Ah, Paula, se houvesse nos Esquadrões Aéreos babás tirolesas, todo o Esquadrão 2/33 já estaria na cama há muito tempo!

O comandante empurra a porta, como uma ventania:

— Está decidido. Vamos nos mudar.

Atrás dele, Geley mantém-se bem acordado. Ele deixará para amanhã os seus "Sim, claro". Usará, para tarefas extenuantes, ainda nesta noite, reservas que ele mesmo ignorava.

Nós nos levantamos. Dizemos: "Ah... é?". O que poderíamos dizer?

Não diremos nada. Garantiremos a mudança. Só Lacordaire esperará a aurora para decolar, a fim de cumprir sua missão. Se ele retornar, irá diretamente à nova base.

Amanhã, nós também não diremos nada. Amanhã, para as testemunhas, seremos os vencidos. Vencidos devem se calar. Como as sementes.

Impressão e Acabamento
Gráfica Oceano